Andreas Nohr

# Lusamgärtlein

Schäfer 12/16
Von Gisel in
Würzburg geschenkt

ANDREAS NOHR

# Lusamgärtlein

## Vier Liebesgeschichten

um Walther von der Vogelweide,
Tilman Riemenschneider
und Balthasar Neumann

J.H. Röll

Die Deutsche Bibliothek — CIP-Einheitsaufnahme

Ein Titeldatensatz für diese Publikation ist bei Der Deutschen Bibliothek erhältlich


Gedruckt auf chlorfreiem, alterungsbeständigem Papier.
Umschlagbild und Zeichnungen: Mareike von Osten
Gesamtherstellung: Verlag J.H. Röll GmbH

Printed in Germany

ISBN 3-89754-176-9

# inhalt

Beim Öffnen des Gartentores ........ 7
Erste Düfte ........ 11
Rosen ........ 15
Am Brunnen ........ 33
Lilien ........ 39
Auf der Bank ........ 61
Vergißmeinnicht ........ 65
Unter der Linde ........ 83
Herbstzeitlose ........ 87
Verwehende Düfte ........ 109
Abschied aus dem Garten ........ 113
Beim Schließen des Gartentores ........ 115

# Beim Öffnen des Gartentores

Würzburg hat dem Besucher einiges zu bieten. Doch das Folgende ist weder eine Stadtgeschichte noch ein Stadtführer.

Anzumerken ist aber dies: Neben dem Dom liegt das Neumünster, nicht nur Kirche, sondern einst auch Kanonikerstift, aus welchem in früheren Zeiten Würzburgs Fürstbischöfe ihre Juristen rekrutierten. Seitlich, von der Kirche aus, aber heute auch gleichsam von rückwärts durch einen Torbogen zu betreten, findet sich das Lusamgärtlein, ein leiser Ort. Einst war hier der *grashove*, also das Kreuzganginnere des Stifts. Daran erinnert ein Teil des romanischen Kreuzgangs, den man nach wechselvollem Schicksal hierher gesetzt hat, also gewissermaßen an seinen alten Ort.

Dies nicht von ungefähr. Denn den romanischen Bögen gegenüber, neben einigen Bänken zum Verweilen, steht eine Art steinernen Sarkophags, gegen die rückwärtige Trennwand und die seitliche Häuserfront durch Eiben abgeschirmt. Die dritte und vierte Seite des Gärtleins bilden Kreuzgang und Kirche. In die Oberfläche des Sarkophags sind an den vier Ecken kleine Höhlungen eingelassen, daß sich das Wasser dort sammelt — zur Erquickung der gefiederten Sänger, die in der Linde wohnen. Diese nämlich ragt wölbend und schützend über dem Stein auf.

Der Stein selbst steht an der Stelle, wo man einen anderen Sänger liegen vermutet, dem der romanische Kreuzgang heimatlichen Anblick bietet: Walther von der Vogelweide, den Sängerdichter aus der Wende zum 13. Jahrhundert, dessen Lebenswerk am Ende vom Kaiser mit einem Lehen in Würzburg belohnt wurde. Die letzten zehn Jahre seines Lebens wird Walther vorwiegend in Würzburg verbracht haben, im Stadtviertel Sand vermutlich, und er wurde schließlich im *grashove* des Neumünsterklosters beigesetzt. Wer weiß, vielleicht ist der Ort, da nun dieser Erinnerungsstein steht, sogar glücklich getroffen.

Walther von der Vogelweide war ein streitbarer, kritischer, aber auch ein selbstkritischer Mann. Aus einer Ministerialenfamilie stammend dichtete er sich empor, sang vor Fürsten und Kaisern, zog Jahrzehnte unstet von Hof zu Hof, vom Po bis zur Trave, wie er selbst es sagte: Er kannte seine Welt, und hat zugleich das Leben in alle Richtungen hin ausgemessen. Fürsten schenkten ihm ehrenvoll Pelzmäntel, dann wieder verfiel er in der Gefolgschaft des gebannten Kaisers Otto IV. der Reichsacht und war vogelfrei. Trotz seiner spitzen Zunge, trotz seines vielleicht gar unbeherrschten Temperamentes, trotz manchen Steins, den er sich selbst in den Weg legte, überstand er alle Fährnisse, bis Kaiser Friedrich II. ihn mit dem Würzburger Lehen

zum Ritter machte und dem angesehenen Sänger somit zu einem Ort der Stetigkeit und des Ausruhens verhalf.

Walther hatte sich einen Namen gemacht: als streitbarer Sänger, als Kabarettist, als politischer Mahner, bisweilen aber auch als Querulant. In den Dörfern, Städten und Ländern zwischen Po und Trave blieb er jedoch vor allem als der Sänger der Liebe in Erinnerung. Er sang das Lied der hohen Minne, der Leidenschaft für die schöne, aber unerreichbare Herzensdame, die sich der Ritter noch dazu heimlich erwählte, um in ewiger Unerfülltheit und dennoch nie verlöschender Leidenschaft seine ritterlichen und christlichen Tugenden zu vervollkommnen.

Aber Walther erkannte bald die Hohlheit dieses ritterlichen Gesellschaftsspiels. Fortan gab er der Liebe wieder Raum, nicht jener zur unerreichbar „hohen Frau" von Adel, sondern jener zum „Weib" (wîp), dessen Ausprägung die Magd nicht weniger ist als ihre Herrin. Und so dichtete er nun das Lied der „ebenen", der „niederen" Minne, der Liebe also, die in der Erfüllung der Umarmung ihre Seligkeit findet. Ohne Zweifel gelten diesem Sänger der Liebe jene Blumen, die sich noch heute alle Tage neu auf jenem Stein unter der Linde im Würzburger Lusamgärtlein anfinden.

Aber noch weniger als ein Stadtführer für Würzburg ist das folgende etwa eine germanistische Hinführung zu Walther von der Vogelweide. Es handelt sich vielmehr um die Erzählung eines Widerfahrnisses, dessen jüngst dies stille Lusamgärtlein Zeuge wurde — dieser leise Ort mit seinem romanischen Kreuzgang, den Bänken zum Verweilen, dem Stein mit seinen Wasserhöhlungen und den allezeit frischen Blumen darauf für einen bald tausendjährigen Toten. Und in der Linde darüber singen seine Nachfolger noch heute feierliche Lieder.

Es gibt Widerfahrnisse, die sind märchenhaft; zu solchen zählt die Liebe. Es gibt Jahreszeiten, die den Menschen singen machen; der Frühling ist eine solche Zeit. Und schließlich gibt es Orte, die sprechen können, an denen die Zeit nicht gilt, und der Raum sein Recht verloren hat, eben: *Anderorte*. Zu solchen Orten zählt das Lusamgärtlein.

Es ist nun zu erzählen von einer Frühlingsnacht im Lusamgärtlein. Was Wunder, daß es um die Liebe geht.

# erste Düfte

Diese erste warme Nacht des Frühlings duftet nach Hyazinthen und nach verschüchtert blühenden Veilchen. Mitternacht ist lange schon vorüber, da schwankt ein Mann daher, reichlich vierzig Jahre alt, vom Wein mindestens erheitert, dessen letzte geleerte Flasche er noch in Händen hält.

Kommt er vom lauen Mainufer? Hat er im Bürgerspital zum Hl. Geist gesessen, wo das einzige Gebrechen, das man dort heute noch heilt, der Durst ist? Kehrt er nach Haus zurück? Sucht er sein Hotel auf? Welches entsetzliche Unglück hat ihn ereilt, daß er in einer solchen Nacht — alleine ist?

Unnütze Fragen! Denn schon biegt unser Mann vom Kiliansplatz kommend durch den Torbogen in das Lusamgärtlein ein. Wer meint, daß zur Nachtzeit ein starkes Gitter gerade solche Menschen wie den unseren vom Betreten des Gärtleins abhält, trifft mich nicht. Ich bin für Ordnung nicht zuständig, ich berichte nur.

Der Mann sitzt bereits auf einer der Ruhebänke, den Kreuzgang zur Rechten. Die erhobene Flasche läßt er wieder sinken, der Mann enttäuscht, weil die Flasche geleert. In solchen späten Märznächten ist es nicht mehr wirklich dunkel. Und es duftet. Vor allem aber ist es still. Der Mann wird uns doch nicht einschlafen?

Nein. Das wäre ja auch etwas. Denn der Blick des Mannes ruht notgedrungen auf dem steinernen Sarkophag. Und dort glaubt er nun im Dunkelblau der Nacht eine Gestalt zu erkennen. Er streicht sich über Gesicht und Augen, doch die Gestalt verschwindet nicht. Schemenhaft nur kann er sie sehen, man erkennt eben die Umrisse, aber doch so viel: Die Gestalt hat ein Bein über das andere geschlagen; der Ellenbogen stützt sich auf dem Knie ab, damit die Hand den Kopf jener Gestalt tragen kann, die ihr Kinn nachdenklich in diese Hand gelegt zu haben scheint.

„Na?" ruft unser Mann die Gestalt an, „Auch übrig geblieben?"

Die Gestalt rührt sich nicht.

„Hast du noch Wein?" fragt unser Mann ungerührt weiter, „meine Flasche ist mir untreu geworden, denn was an ihr lieblich war, ist davon gegangen!"

Die Gestalt antwortet nicht. Aber sie verschwindet auch nicht.

Für das, was nun kommt, muß ich mich entschuldigen. Ich hoffe nur, niemand schlägt den Boten der

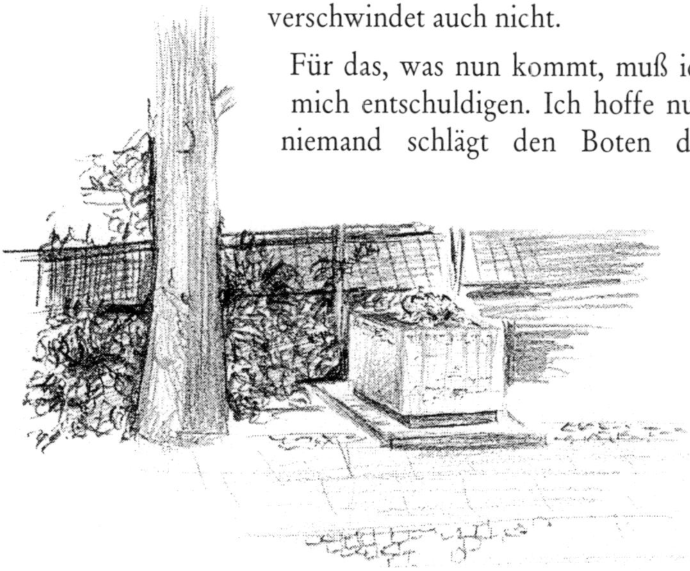

schlechten Nachricht wegen. Aber es ist nun einmal so, daß der Wein hilft, die Dinge beim Namen zu nennen, was ihm die einen als Tugend, die anderen aber als Unart auslegen. Jedenfalls plappert unser Mann mit Hilfe seines wohl reichlich genossenen Weins höchst freimütig weiter:

„Es ist eine Sünde, eine solche Nacht in einem einsamen Gärtlein enden zu lassen, jedenfalls wenn man dort alleine ist. Ich wäre lieber mit der Kellnerin hier, weißt du? Die hatte einen Hintern, ich sag' es dir! Und was vorne war, stand dem, was hinten war, nicht nach! Ich hab' mich redlich bemüht. Ich hab' sie sogar abgepaßt. Sie war ja auch nicht wirklich unwillig. Die Lippen — saftig wie Erdbeeren. Die Brüste, fest und rund wie Pfirsiche. Der allerfeinste Obstsalat. Ich umfasse sie, will sie mit mir nehmen. Und was macht sie? Na, was macht sie?"

Doch die Gestalt rührt sich nicht, wohl ahnend, daß die meisten Frager ihre Antworten selbst am besten zu geben wissen. Entsprechend fährt unser Mann mit keineswegs gespielter Empörung fort:

„Sie lacht! Da staunst du, was? Jawohl — sie lacht! Ist das nicht ein Ding? Dann schiebt sie mich weg und sagt: ‚Geh' nach Haus, Bürschlein!' Jawohl, ganz recht, ‚Bürschlein', hat sie gesagt, hörst du, ‚Bürschlein'! Hier auf der Bank hätte ich ihr zeigen können, was ich für ein Bürschlein bin! Das hätte sie ihr Leben lang nicht vergessen! Denn, weißt du, die hatte einen Hintern, oder sagte ich das schon, jedenfalls hatte sie einen ..."

„Darf ich Sie etwas fragen?"

Unser Mann schweigt betroffen, denn der Schatten hat gesprochen. Er hat sich von seinem steinernen Sitz erhoben und tritt auf unseren Mann zu. „Darf ich Sie etwas fragen?" wiederholt er.

Ich muß ihn noch immer „unseren Mann" nennen, weil ich seinen Namen nicht weiß, so wenig wie den Namen des Schattens. Aber vielleicht erfahren wir die Namen ja noch. Einstweilen muß es dabei bleiben: Unser Mann ist erstaunt, aber gutmütig.

„Aber immer doch, was darf's denn wohl sein?"

„Warum sind Sie denn nicht nach Hause gegangen, wie die Kellnerin es Ihnen geraten hat, nach Hause — zu Ihrer Frau?"

Unser Mann fährt zusammen, und der Schreck läßt ihn die Anrede wechseln: „Woher wissen Sie, daß ich verheiratet bin?"

Der Schatten trägt einen langen Umhang und einen seltsamen Hut. Er läßt sich neben unserem Mann auf der Bank nieder, blickt sinnend zur Linde hoch und, statt eine Antwort zu geben, fragt er gelassen: „Darf ich Ihnen etwas erzählen?"

Das Lustige ist unserem Mann plötzlich vergangen. Aber er ist doch neugierig: „Was wollen Sie denn erzählen?"

„Darf ich?" vergewissert sich der Fremde.

„Aber bitte", sagt unser Mann. Noch einmal blickt der Fremde sinnend zur Linde hoch, als trüge sie Bilder statt grüner Blätter. Dann geht er zu dem steinernen Sarkophag und nimmt einige Blumen zur Hand, die so frisch aussehen, daß sie nicht allzu lange dort gelegen haben können. Er hält sie unserem Mann hin und sagt dazu: „Fast alle Tage liegen frische Blumen auf diesem Stein. Ich will Ihnen erzählen, wie das begonnen hat."

# Rosen

ich hân mîn lêhen,
al die werlt!
ich hân mîn lêhen!

Leg' dem „zu früh" drei Ellen Zeit hinzu, so wird es schon noch ein „zu recht". Einmal aber machten Stolz und Leichtfertigkeit aus der artigen Jungfer Zufrüh die böse Muhme Zuspät.

Magdalene, die Rosen ...

Es ist lange her, wohl an die achthundert Jahre, da kam Kaiser Friedrich II. nach Würzburg, einen Hoftag abzuhalten. Stadt und Land gingen schwer unter der Last, den Kaiser, seine Edelleute, sein Gefolge samt Troß zu ernähren. Der Kaiser indessen saß im bischöflichen Palast seitlich des Doms an der Stirnseite des Saals unter einem Baldachin und besprach mit den Großen seines Reiches, was zu besprechen war: Erzbischof Engelbert von Köln war zugegen, der einiges später ermordet wurde, Herzog Ludwig von Bayern war gekommen und auch Herzog Leopold von Österreich, dazu viele andere Herzöge und Grafen; die Reihe der Gäste war lang. So stand auch der Würzburger Bischof Otto I. von Lobdeburg dabei und wußte nicht recht, ob er sich der Anwesenheit seines Kaisers freuen oder der hohen Kosten wegen stöhnen sollte.

Ein prachtvolles Bild in dem hohen Saal: Die langen farbenfrohen Cotten, an der Brust mit dem Fürspan zusammengehalten, Hermelin und Zobel, bunte Hüte über langen, gelockten Haaren, die kunstvoll geschlungenen Kopftücher der Damen. Man redete, scharwenzelte, schmeichelte, forderte, log, gab nach, lenkte ein, setzte nach, bestach. Man scherzte und lachte, man prahlte und neidete, vor allem aber warf man den Damen schöne Augen zu, welche diese keineswegs fallen ließen — und so schlief wohl auch des Nachts nicht jeder in dem ihm bereiteten Bett. Man aß und trank, man feierte und tanzte, man ließ die Narren spaßen und die Gaukler turnen.

Vor allem: Man ließ singen. Wenn dann Herr Walther von der Vogelweide die Harfe schlug, so hingen aller Augen gebannt an seinem Mund. Der mit Worten, Rhythmen und Reimen hantierte, als wäre es ein Kinderspiel; der das Lob des Kaisers und der Fürsten in Worten kündete, daß jene sich selbst kaum wiedererkannten; der von der hohen Minne sang, daß sogar der lumpigste Ritter sich vornahm, von Stund' an den König Artus noch zu übertreffen; der von der Liebe sang und dem heimlichen Bett zwischen Klee und Rosen, wo sich die Lippen rot küssen — der bannte aller Augen und Ohren, daß es feierlich still wurde in dem großen Saal. Und wartete doch ein jeder nur heimlich, ob der von der Vogelweide nicht würde wieder einige seiner verborgenen Stiche unter die artigen Worte mischen; ob nicht wieder eine seiner Frechheiten nachher die Runde machen konnte, wenn ein jeder sie endlich verstanden haben würde; ob man nicht wieder würde scherzen können über die Hiebe, die von Walther den anderen zugedacht worden waren, und zürnen über jene, die einem selbst gegolten hatten.

Schließlich legte Walther die Harfe zur Seite und verbeugte sich zum Baldachin, und der junge Kaiser Friedrich nickte. Doch Walther trat nicht ab. Man blickte erstaunt. Da griff er in die Harfe und sang ein wehmütiges Lied. Es erzählte davon, wie es ist, wenn man alle Tage auf Reisen ist, ein Bett nur als Gast und nicht als Eigen hat, wie man deswegen immerfort wieder hinaus und weiter muß und dazu auch noch bescheiden Dank sagen:

„Willkommen Hausherr!
Darauf muß ich schweigen.

Willkommen Fremder!
Da heißt es dankbar sich zu neigen."

Walther besaß kein Heim. In Österreich hatte er Singen und Dichten gelernt, dann war er von Burg zu Burg, von Dienst zu Dienst, von Fürst zu Fürst gezogen, hatte gelobt und gescholten, war vor Fürst und Papst nicht zurückgeschreckt, hatte wohl seinen Ruhm gemehrt, nicht aber seinen Reichtum. Nun war er alt, fünfzig Jahre; wo konnte er bleiben, wenn der Körper schwach wurde; wo konnte er begraben sein, wenn der Leib verfiel?

Der Kaiser nickte. Er winkte mit dem Finger. Man reichte ihm ein Stück Pergament, das sein Siegel trug. Und es geschah zu Würzburg in des Bischofs hohem Saal, daß sich der Kaiser unter dem Baldachin erhob, die Stufen in den Saal hinunter schritt und auf den Sänger zu trat. Da standen sie voreinander: der junge Kaiser aus Sizilien, dem man Walthers Lieder erst übersetzen mußte, und der alternde Sänger mit dem schnellen Mund. Sie verstanden einander nicht. So bot der Kaiser nur stumm das Papier dar. Walther ergriff es, warf einen raschen Blick darauf und sank in die Knie.

Als bald darauf der Kaiser und sein Troß davonzogen, blieb Walther in Würzburg zurück. Hier lag nun sein Lebenslohn dank jenes Pergaments; hier war sein kleines Lehen, vom Kaiser geschenkt, eine Gabe, die ihn bis zum Tode nähren und kleiden würde. Und der stets eifersüchtig darauf bestanden hatte, als „Herr Walther" angeredet zu werden, durfte dieses endlich zu Recht verlangen.

Herr Walther saß also auf seinem Hof zu der Vogelweide im Sande. Und war sein Lehen auch nur klein, so stolzierte er doch auf beiden Beinen durch Würzburg, als gehörte ihm die ganze Stadt. Man flüsterte, wenn er kam, man verbeugte sich; Herr Walther war nun ein Herr. Und er genoß es.

Wohl hielt es ihn nie lange auf seinem Hof. Den Mantel, den man allezeit getragen hat, wirft man nicht an einem Tage von sich. Doch wenn Herr Walther zu Pferde auszog, wenn er sich anschickte, zu einem Besuch an einem Fürstenhofe wieder einmal die Gastkleider anzulegen und seine Lieder vorzutragen, so wußte er doch, daß es bei seiner Rückkehr endlich heißen durfte:

„Willkommen Hausherr!"

Herr Walther war nun also ein Herr. Mit Herren war er gereist, mit Herren hatte er gezecht, gesungen und gestritten, mit Herren hatte er gelacht und über Herren sich geärgert. Er hatte allezeit getan, als wäre er selbst einer. Und hatte doch gewußt, daß ihm zum Herrsein der Besitz fehlte. Und hatte auch gewußt, daß all die Herren dieses gleichfalls wußten. Und manchmal hatten sie es ihn gar spüren lassen, wenn seine Zunge gar zu flink und sein Witz gar zu spitz gewesen waren. Die Herren hatten Walther allezeit gerne kommen sehen. Aber oftmals hatten ihn dieselben Herren ebenso gern wieder fortgehen sehen.

Nun aber war er endlich selbst ein Herr. Er zählte um die fünfzig Jahre, so alt wurden nicht viele. Aber er war noch nicht alt genug, um seinen Stolz nicht zur Schau zu tragen.

Herr Walther saß also auf seinem Hof, war stolz; bald aber blickte er nachdenklich. Er hatte endlich erreicht, wonach er sich gesehnt hatte. Zwar gehörten ihm wenige Knechte und Mägde, doch arbeiteten sie für seinen Lohn. Er besaß ein eigen Haus und Herd, und er schlief im eigenen Bett.

Er hatte Kleider, auch Pelzmäntel für den Winter. Die dampfenden Schüsseln im Hause wurden nicht leer, und der Wein ging ihm nicht aus. Und doch ...

Der von der Vogelweide war durch Wald und Heide gezogen, hatte in Dörfern genächtigt, in Städten, auf den Burgen der Herren — aber keineswegs immer allein. Er hatte von der Minne nicht nur gesungen, er kannte auch die Liebe. Mancher Magd hatte er im Schober über den bloßen Rücken gestrichen. In dem Bett aus Rosen und Klee hatte er oftmals selbst gelegen und manche Pfirsichbrust geküßt, die er bis heute nicht vergessen konnte. Und wohl keiner der Herren, die ihn auf ihren Burgen beherbergt hatten, ahnte, daß Walther mancher ihrer tugendhaften Gemahlinnen, deren Lob er am Abend voll Ehrfurcht zu Gehör gebracht, in der Nacht noch ein anderes Lied gesungen hatte.

Walther sah sich in seinem Hause um. Trotz aller Fülle war es leer.

Es geschah wenige Tage später, daß Herr Walther zum Main hinunter spazierte, da sah er ein Mädchen. Sie war schlank. Ihr Gesicht erzählte von nichts anderem als von Liebreiz. Ihre Augen blitzten, und ihr Wuchs zwang seinen Blick in Bann.

„Wie heißt du?“ fragte Walther.

„Ich heiße Magdalene“, antwortete das Mädchen.

„Ich bin ...“ begann Walther, doch das Mädchen fiel ihm ins Wort: „Ich weiß, wer Ihr seid“, und wurde rot.

Walther war erstaunt, denn er konnte sich des Mädchens nicht entsinnen.

„Es war vor Jahren“, sagte diese, „Ihr rittet im Gefolge des Kaisers in Würzburg ein. Man stand und bewunderte den

Einzug der Herren und der hohen Damen, bestaunte die bunten Kleider, die vornehmen Gesichter, die Pferde und Wagen, die blitzenden Waffen; man würde etwas zu erzählen haben, wenn man dies gesehen hatte. Und wir Mädchen warfen Blumen in den Zug. Die meine fing einer auf; er hob sie an den Mund, küßte sie und verneigte sich zum Dank vor dem kleinen Mädchen mit den bloßen, schmutzigen Füßen — das tatet Ihr, Herr, aber Ihr werdet Euch dessen nicht erinnern!"

„Eine Blume ..." — aber Walther konnte sich nicht entsinnen; zu viele Städte hatte er gesehen, zu viele solcher bunten Einzüge an mancherlei Orten des Reiches hatte er miterlebt. Und hatte er nicht auch zu viele Blumen wie jene aufgefangen, als daß er die vielen jungen Werferinnen noch vor Augen haben konnte?

„Eine Blume ... erlaubst du mir zum Dank, daß ich dir deine Blume morgen wiederbringe?"

„Herr, das schickt sich nicht", antwortete das Mädchen.

Walther verbeugte sich und setzte seinen Weg fort.

Am Abend saß Herr Walther auf seinem Lehen, auf dem Tisch ein Glas Wein, und blickte in das Feuer im Kamin. Der Blick zerfloß, und er sah sich selbst, wie er umhergezogen war und hatte an nichts als an ein eigen Haus gedacht; wie er am Morgen im Bett so mancher schönen Frau erwacht war, und hatte doch allezeit nur von einer Frau geträumt, die seine für immer war. Und in den Flammen erschien das Bild des jungen Fischermädchens vom Fluß.

„Sie ist sehr schön", sagte Süßkind von Trimberg, ein Jude, Arzt am Spital von St. Egid, dazu ein Sänger wie Walther selbst, der bei ihm saß und mit ihm in das Feuer blickte.

Walther nickte.

„Sie ist sehr jung“, fügte Süßkind hinzu.

Walther sah auf: „Du meinst: *zu* jung?“

„Habe ich das gesagt?“ fragte Süßkind.

Und Walther schwieg.

Am nächsten Tag ging er zum Main hinunter, näherte sich der Fischerhütte und fragte nach dem Mädchen. Der Vater zog die Brauen zusammen: „Herr, sie ist ein Fischermädchen!“

„Und dürfte deshalb keine Blumen tragen?“ fragte Walter und wies auf die Rose von einem dunklen Rot in seiner Hand.

„Ihr seid von Stand; sie ist es nicht, verzeiht, Herr, was soll daraus werden?“

„Mein Stand ist nicht so hoch, daß man von dort oben die Fischer hier am Fluß nicht mehr erkennen könnte“, antwortete Walther.

„Sie sitzt am Ufer“, sagte der Vater finster und wandte sich ab.

Walther brachte dem Mädchen die Rose zum Dank für jene, welche sie ihm einst geschenkt hatte. Und von jenem Tag an stieg er oft zum Fluß hinunter und traf Magdalene, führte sie am Arm beiseite, am Ufer des Main entlang. Auf einer Wiese sang ein Vogel. Unter der hohen Linde duftete es nach Klee. Und aus den Daunen solchen Bettes sprossen Rosen.

Dann rief man Walther nach Nürnberg.

„Bleib!“ bat Magdalene.

Doch es war der Erzbischof von Köln, Engelbert, Verwalter des Reiches, da Kaiser Friedrich Deutschland verlassen hatte; der hielt den Reichstag und hatte Walther rufen lassen. Dieser lachte und tröstete Magdalene. Denn als er die Botschaft erhalten hatte, sah er sogleich die Nürnberger Burg vor Augen, die farbenfrohen Cotten, Hermelin und Zobel, Fürsten, hohe Frauen, Freunde, dampfenden Braten, Wein und Bier.

„Nur ein paar Tage!" rief er. Und rüstete sogleich zur Fahrt.

Zu Nürnberg war Walther in seine Welt zurückgekehrt. Er lachte mit den Herren. Er blinzelte mit ihren Frauen. Er aß und trank. Und in dem Kellergemach der Kaiserburg, das man ihm gewiesen hatte, blieb sein Bett über all dem Singen und Zechen die eine Nacht wohl leer, die andere aber lagen zwei darin.

Walther sang auf jenem Reichstag zu Nürnberg das Loblied seines neuen Gönners, des Erzbischofs, des Reichsverwesers. Und der ließ sich nicht lumpen und zahlte den klugen Witz des Liedes mit guter Reichsmünze. Als Walther schließlich von dannen zog, blickte ihm manches Auge aus der Kemenate heimlich nach. Die ahnungslosen Männer dachten nur an die geleerten Krüge, rieben sich die Hände und sagten zufrieden: „Das weiche Lehen hat aus dem kecken Walther keine müde Amsel gemacht!" Und der von Katzenellenbogen rief ihm hinterher: „Auf bald, in meiner Burg, daß uns das Leben nur nicht grau wird!"

Walther sah Würzburg von ferne liegen. Ein Vierteljahr war er fortgeblieben. Doch er hatte das Fischermädchen nicht vergessen. Er hatte ihrer in Nürnberg wohl manches Mal gedacht, und es hatte ihn nach Würzburg gezogen. „Spiel', sing' und lach'!" hatten da die Ritter gerufen, und da hatte Walther die Bilder abgeschüttelt und nach seiner Harfe gegriffen.

Nun kehrte er also nach Würzburg zurück. „Willkommen Hausherr!“ — so rief ihm schon von Ferne das Gesinde zu, auf eine Melodie, die er sein ganzes Leben lang ersehnt hatte.

Walther betrat sein Haus: Willkommen Hausherr! Er genoß es, daheim zu sein. Wein ließ er sich vor den Kamin bringen, wusch den Staub der Reise sich vom Körper und betrat die Stube: Vor dem Kamin, neben dem Glas mit rotem Wein stand eine Vase, darin eine Rose von dunklem Rot.

„Heda“, rief Walther, „wo kommt diese Rose her?“

Ein Diener verbeugte sich und sagte: „Die Rose ist von einem Fischermädchen. Sie kam vom Fluß herauf und sagte, sie wäre es von Kind auf an gewöhnt, Euch Blumen zu schenken, wenn Ihr die Stadt betretet. So bat sie, man möge Euch die Rose zum Willkommen an den Wein stellen!“

Walther nickte. So war er nicht allein im Haus! Dann runzelte er die Stirn: „Woher wußte das Mädchen, daß ich heute zurückkehre?“

„Sie wußte es nicht", antwortete der Diener und sah zu Boden.

„Wie das?" fragte Walther voller Erstaunen.

„Sie kam nach ein paar Tagen das erste Mal. Seitdem war sie jeden Tag hier — mit einer frischen Rose."

Es zog ihn am folgenden Tag zum Main hinunter. Die Fischer blickten überrascht. Der Ritter war also zurück! Dann blickten sie dunkel. Der Vater zog die Brauen zusammen. Man wußte, nach wem er suchte. Sie dachten, die Herren nahmen, was ihnen nicht gehörte; die Herren stahlen dem Armen das letzte, das er besaß, und machten selbst vor den Kindern nicht halt.

Doch Walther ließ sich nicht beirren. Er fand das Mädchen am Fluß sitzen. Sie lachte, als sie ihn sah, sprang auf und fiel in seine Arme. Da zog er eine Rose hinter dem Rücken hervor: „Sie soll dir vergelten, was du mir getan hast!"

„Nun bleibt Ihr hier", fragte endlich das Mädchen, „in Eurem Haus?"

Walther lachte: „Die große Welt macht müde und alt. Ich will mich ausruhen, bis die Knochen wieder sitzen, wo sie hingehören."

„Und dann?"

Walther antwortete nicht.

Süßkind von Trimberg ließ sich von Nürnberg berichten. Sie saßen am Kamin und tranken Wein; die Harfe lag nicht weit, und man sang sich gegenseitig vor, was man erdichtet hatte, das Spöttische wie das andere, das zu Herzen geht. Und der Wein hatte seine liebe Mühe, nachzukommen.

„Und das Mädchen?" fragte Süßkind.

„Ja, das Mädchen ...“ sagte Walther versonnen, und blickte auf die Rose, die noch immer blühte.

„Sie ist sehr schön und sehr jung“, sagte Süßkind.

Walther schwieg.

„Sie kennt Nürnberg nicht“, sagte Süßkind.

Walther schwieg.

„Sie kennt auch Worms nicht oder Meran.“

Walther schwieg.

„Sie kennt nur den Fluß und seine Hütten.“

„Du meinst, es ist viel Wegs von dort herauf bis in mein Haus?“

Süßkind nickte.

„Zu viel?“

„Habe ich das gesagt?“ fragte Süßkind.

Es folgten ruhige, stille Wochen. Die Strahlen der Sonne wärmten das Bett aus Klee und Rosen.

Und dann: „Magdalene“, flüsterte Walther ihr ins Ohr, „Magdalene, hörst du?“

Sie sah ihn an. In diesen Augen hatte Walther sich verloren. „Magdalene, du sollst meine Frau werden.“

Sie erschrak, doch tranken ihre Ohren nur, wonach es ihnen lange schon gedürstet hatte.

„Mein Vater will nicht.“

„Ich werde mit ihm reden, dann wird er wollen.“

„Er sagt, das Haus des Herren ist zu groß für ein kleines Fischermädchen.“

„Für dich ist selbst das Schloß des Kaisers noch zu klein", widersprach Walther lächelnd.

„Mein Vater hat mich einem jungen Fischer versprochen, der nicht weit von hier wohnt."

Walther fuhr auf.

„Das ist nicht wahr!"

Magdalene schwieg.

„Dann mach' ich's ungeschehen!"

Magdalene weinte. Dann flüsterte sie: „Und wenn es besser ist? Dich zieht es immer wieder fort. Und ich bin dann allein. In deinem Hause wissen die Diener mehr als ich. Man wird meiner spotten, man wird sagen: Das Fischermädchen mit den bloßen Füßen übt sich als hohe Frau in König Walthers Schloß!"

Walther sprang auf. Er lief zu den Fischerhütten: „Gib mir deine Tochter zur Frau!"

„Verzeiht, Herr, sie ist schon versprochen!"

Walther hatte Fürsten niedergeredet und Könige mit seinem Wort getroffen. Er konnte spotten, singen, schmeicheln, drohen, klagen; was Worte nur immer vermögen, Walther erst hatte es sie gelehrt. Und all seine Gabe, seine ganze Klugheit und angehäufte Beredtsamkeit versammelte er nun auf seiner Zunge. Der Fischer hielt nicht stand. Zum übernächsten Monat sollte die Hochzeit sein.

Walther kehrte mit jubelndem Herzen in sein Haus zurück. Unterwegs begegnete ihm Süßkind von Trimberg, der Arzt von St. Egid. Dem erzählte er, wovon sein Herz überlief.

Süßkind bedachte sich.

„Sie wird sich freuen."

Walther nickte eifrig.

„Sie wird die Zier deines Hauses sein".

Walther klatschte in die Hände.

„Und sie wird oft alleine sein."

Walther sah ihn an: „Zu oft?" fragte er.

Süßkind bedachte sich erneut. Dann sagte er:

„Ja!"

Zwei Wochen später war da ein Bote vom Grafen Dieter, dem Katzenellenbogener. Wie versprochen, lud er den Sänger in seine Burg, die schönen Tage von Nürnberg im Kleinen wieder aufleben zu lassen.

„Du gehst?" fragte Magdalene bang.

Er lachte: „Nur kurze zwei Wochen!"

„Die Hochzeit", hauchte sie und wurde blaß.

„Sie findet statt, sorge dich nicht!" rief Walter, und sah in der Ferne schon die hohe Burg, den rauhen Katzenellenbogener, den rauchenden Kamin, die Ritter und den Wein, „... sorge dich nicht!"

Der Bogener empfing ihn wie einen Freund, und Walther sang ihm Lob. Die Ritter nickten anerkennend, der Wein floß, und Walthers Bett blieb manche Nacht leer. Doch niemals schliefen zwei darin. Dann rüstete Walther zur Heimkehr.

Da geschah es, daß der Katzenellenbogener, als Walther eben sein Abschiedslied singen wollte, ihm Schweigen winkte, als wäre er ein Knecht. War es zu früh? Sollte erst noch ein anderer zu Wort kommen? Warum winkte der Graf derart? Wer weiß es! Es war die flüchtige Geste eines

Herren gegenüber einem langjährigen Knecht, von welchem er einen Augenblick lang vergessen hatte, daß dieser seit kurzer Zeit kein solcher mehr war. Walther verstummte und sein Blick erlosch. Bald zog er sich zurück. Und tat gekränkt die Nacht kein Auge zu. Hatte nicht der junge Kaiser Friedrich selbst vor ihm gestanden? Hatte er ihn nicht zum Herren gemacht? Wie konnte dieser Katzengraf das auch nur einen Augenblick lang vergessen?

Anderntags schickte er einen Boten nach Würzburg, die Hochzeit auf ein paar Tage zu verschieben, er hätte hier noch einiges zu regeln. Und am Abend versah er sein erstes Lied mit einem Dorn, der dem Bogener tief in den

Finger stach. Da war der Streit heraus, Graf Dietrich sprang auf, blickte wütend, rannte in seine Kammer.

Zehn Tage sprachen beide kein Wort mehr miteinander. Wenn sie einander begegneten, strichen sie mit finsteren Blicken aneinander vorbei. Am elften Tag trafen sie erneut aufeinander, blickten mit dunklen Augen in die des anderen, blieben stehen, blickten weiter — und lachten endlich hellauf, daß die Knechte erschreckt ihr Gerät fallen ließen.

Man feierte Versöhnung. Man war wieder gut Freund. Sich dessen zu versichern währte vierzehn Tage. Dann endlich zog es Walther nach Würzburg.

„Willkommen, Hausherr!“ so klang es ihm entgegen. Er betrat sein Haus. Noch stand es leer, bald würde es von Schönheit und von Lachen überquellen. Der Wein stand vor dem Kamin bereit. Doch auf dem Tisch stand keine Rose.

Am nächsten Morgen wollte Walther zum Main hinunter. Als er vor sein Haus trat, stand Süßkind von Trimberg vor ihm und sah ihn an.

Süßkind blickte ernst. Walther erstarrte; er ahnte, was jener ihm zu sagen hatte. So fragte er schließlich bang: „Zu oft?“

Süßkind blickte traurig, sagte: „Ja!“, und erzählte ihm, daß Magdalene heute heiratete, und zwar den Mann, welchem ihr Vater sie versprochen hatte. Zu lange hatte Walther verzogen, als daß die Fischer ihm noch hatten Glauben schenken mögen. Und tat der hohe Herr, was er wollte, so taten sie, was ihnen gut dünkte.

„Und Magdalene?“

„Sie wurde nicht gefragt.“

Sie hatte aber auch nicht widersprochen. Der schöne Krug, der klares Wasser schöpfte, würde immer wieder die schönsten Brunnen suchen. Die aber standen in Nürnberg, Worms, Meran und anderswo. Unter Schmerzen hatte Magdalene ihre Träume begraben.

Walther stand lange still, und Tränen füllten seine Augen.

Dann aber fing er sich. Er ging in seinen Garten, brach eine Rose, und stieg zum Main hinab. Bänke und Tische waren im Freien aufgestellt, die Hochzeitsgesellschaft feierte lustig; allein von ferne schon sah Walther die Braut. Und ihr Gesicht war verschlossen.

Da trat Walther unter die fröhliche Menge, und es wurde totenstill. Walther ging vor zum Tisch des Brautpaares; der Bräutigam, ein junger, kraftvoller Mann mit mutigem Blick erhob sich und griff an seinen Gürtel.

Doch Walther sah nur die Braut, legte die Rose vor Magdalene auf den Tisch und sagte: „Ein kleines Mädchen schenkte mir einst eine Rose. Schlecht habe ich es ihr vergolten. Wenn Ihr sie seht, hohe Frau, gebt ihr diesen Gruß von mir und sagt ihr ... sagt ihr ...“

Und so geschah es, daß Herr Walther von der Vogelweide zum ersten Mal in seinem Leben keine Worte mehr wußte. Man starrte ihn an; er sah nur Magdalene. Die aber blickte zu Boden, denn sie weinte.

„Geht, Herr!“ sagte der junge Fischer. Walther sah zu ihm hinüber und nickte langsam, als würde er erst jetzt verstehen. Er nahm die Rose, zauderte, legte sie endlich zurück und sagte leise zu Magdalene: „... und sagt ihr, Herrin, diese Blume ist ein Lehen von Walther, zum Dank für Eure ...“ da brach er der den Satz ab und ging.

Stumm kehrte Walther zu seinem Haus zurück. Mit Süßkind saß er lange am Kamin, und der Wein spülte alle Traurigkeit hinunter.

Dennoch: Vor dem Abschied griff Walther zur Harfe und sang mit leiser Stimme:

In allen Häusern suchte ich das meine,
und bleib' zuletzt in meinem Haus alleine.
Frau Welt, das ist recht arg.
So ist mein Haus zu Recht wohl nur ein Lehen,
des Kaisers Gabe läßt mich einsam stehen:
Mein Heim wird erst ein kühler Sarg.

Als Walther gestorben war, begrub man ihn im *grashove* der Neumünsterkirche. Es kam bald darauf eine Frau, die legte ihm eine Rose von dunklem Rot auf das Grab, als gäbe sie ihm sein Lehen zurück.

Magdalene, die Rosen ...

## am Brunnen

Es ist Nacht, und es duftet nach Hyazinthen und verschüchtert blühenden Veilchen. Der Schatten hat seine Geschichte zu Ende gebracht.

„Hm“, sagt unser Mann nach einiger Zeit, „zu spät, zu oft ... Und deswegen legt man noch heute Blumen hierher? Ist das alles wahr?“

„So wahr, wie ich hier sitze!“ antwortet der Schatten.

Man merkt, ich habe mich in Unkenntnis des Namens jenes seltsamen Mannes zu der Bezeichnung „Schatten“ endgültig durchgerungen. Und da mir die Bezeichnung „unser Mann“ gar zu einfältig ist, wird „unser Mann“ jetzt kurzerhand getauft und heißt, nun sagen wir ... ach, nennen wir ihn einfach: Clemens. Dieser fragt nun:

„Und woher wissen Sie das alles?“

„Ich bin nicht mehr jung“, antwortet der Schatten, „ich weiß eine ganze Menge.“

„Ach!“

Es entsteht eine Pause gegenseitigen Schweigens, darin Clemens: skeptisch und der Schatten: abwartend.

Schließlich fragt der Schatten: „Sie heißen Clemens, nicht wahr?“

„In der Tat, aber woher wissen Sie das schon wieder?“

Ich unterbreche das Gespräch, weil ich selbst erstaunt bin, daß wir den Namen unseres Mannes so gut getroffen haben. Aber es gibt nun einmal Zeiten, da gelingt, was sonst mit Sicherheit daneben geht. Jedenfalls antwortet der Schatten: „Wenn Sie Zeit genug haben, werden Sie erfahren, woher ich Ihren Namen weiß."

Clemens ist es nun ein wenig unheimlich. Er weiß, daß der Wein im Menschen bisweilen wirkt wie die Projektionslampe eines Diagerätes: Er wirft innere Bilder auf eine äußere Leinwand, die in Wahrheit nicht vorhanden ist. So schüttelt Clemens den Kopf, wischt sich mit beiden Händen über das Gesicht — aber der Schatten sitzt noch immer neben ihm. Da fragt Clemens mutig: „Und wie heißen Sie?"

„Wenn Sie Zeit genug haben, werden Sie wohl auch das erfahren!"

Man wird Clemens verstehen, daß er nun ein wenig unwillig ist. Geheimniskrämerei ist für den Außenstehenden dasselbe wie das rote Tuch für einen Stier. Also wird Clemens kritisch:

„Sagen Sie — was hat Ihre Geschichte eigentlich damit zu tun, daß ich verheiratet bin?"

„Nichts."

„Warum haben Sie sich dann die Mühe des Erzählens gemacht?"

„Weil mich geärgert hat, wie Sie über jene Kellnerin sprachen."

„Sie meinen, das mit dem Hintern und so?"

„Richtig. Ich meine das mit dem Hintern. Und auch das mit dem ‚und so'."

„Aber ich verstehe nicht."

„Nun ja, ich denke wohl, daß man von Frauen so nicht spricht. Doch in Wahrheit denke ich: Es gibt ein ‚zu oft.'"

„Wie — zu oft?" Plötzlich ist Clemens mißtrauisch.

„Und es gibt auch ein ‚zu spät'!"

Clemens blickt nun betroffen.

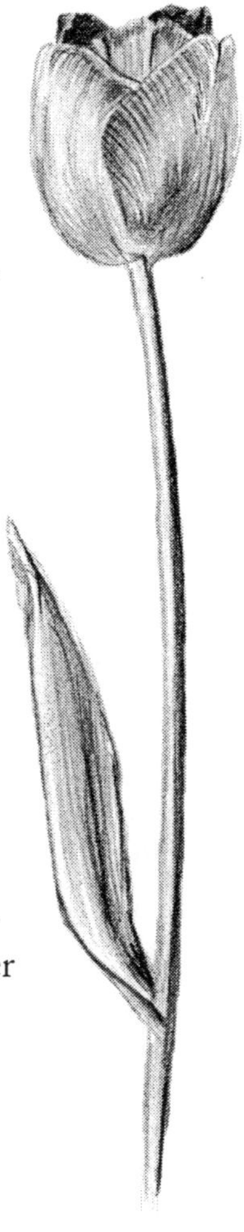

„Davon handelte zwar meine Geschichte nicht, aber es gibt sogar ein ‚zu feige'.

Clemens fährt auf, beruhigt sich aber sogleich, sieht den Schatten neugierig an und sagt:

„Sie sind ein wenig von gestern, stimmt's?"

„Gern."

„Ihr ‚Herr Walther' ist der, der hier begraben liegt, nicht wahr?"

„Ja."

Clemens ist nachdenklich geworden. Er sieht aus wie einer, der glaubt, einem anderen auf die Schliche gekommen zu sein. Aber er schüttelt den Gedanken ab, weil er unsinnig ist. Immerhin steht Clemens mit mindestens zwei Beinen mitten im Leben. Aber der Gedanke läßt ihn nicht los.

Der Schatten steht auf, geht zu dem romanischen Kreuzgang und streicht sacht über die alten Steine. Plötzlich dreht er sich zu Clemens um und sagt:

„Ich würde Sie gerne noch etwas fragen. Aber ich fürchte mich ein wenig."

Clemens, noch immer in der Haft seiner Gedanken, antwortet also gedankenlos: „Fragen Sie ruhig!"

„Nun gut. Wenn also die Kellnerin mit dem anmutigen Wuchs ..." — Clemens grinst ein wenig — „... Sie nicht nach Haus geschickt, sondern Sie vielmehr in das ihrige geladen hätte, wären Sie mitgegangen?"

„Sie meinen, ob ich mit ihr geschlafen hätte?"

Der Schatten zuckt ein wenig zusammen, nickt dann aber, was Clemens seltsamerweise trotz der Dunkelheit erkennt.

Clemens zögert, plustert sich dann auf und sagt: „Ja, ich glaube schon. Doch, hätte ich wohl."

Der Schatten schweigt. Clemens hört einen Vorwurf daraus und setzt sich zur Wehr: „Mein Bester, wenn Sie schon von gestern sind, sollten Sie das Heute anderen überlassen. Ihr Herr Walther war ja auch nicht gerade ein Kostverächter, wenn ich recht verstanden habe. Sie aber stehen da mit den Taschen voll Empörung, als wollten Sie mir die ganze Zeit vorwerfen: ‚Und was hätte Ihre Frau dazu gesagt?'"

„Ich wollte wohl etwas fragen, aber keineswegs, was Ihre Frau dazu gesagt hätte."

„Sondern?"

„Ich wollte fragen, was Ihre Geliebte dazu gesagt hätte."

Ich kenne Clemens weiter nicht. Mein Eindruck von jenem Schatten aber ist, daß er weiß, wovon er spricht. Möglicherweise werden wir also sogleich erfahren, daß Clemens nicht nur eine Frau, sondern tatsächlich auch noch eine Geliebte hat. Wie gesagt, ich erzähle nur. Ich habe mir Clemens nicht ausgesucht. Und selbstverständlich verurteile ich, daß Clemens durchaus mit der Kellnerin ... nun ja. Noch mehr mißbillige ich, daß Clemens zu allem Überfluß möglicherweise auch noch eine Geliebte hat. Überhaupt gefällt mir das Ganze nicht so recht. Aber was soll ich machen?

Clemens ist indessen aufgesprungen. „Sind Sie ein Detektiv? Werden Sie von meiner Frau bezahlt? Was soll denn das alles?", so brüllt er und fährt fort: „Oder sind Sie gar ein Pfaff, bis ins Hemd voll mit Moral, von dem Sie einen ganzen Eimer über mir ausleeren wollen?"

Nun allerdings muß der Schatten leise lachen. Die Vorstellung, ein Geistlicher zu sein, hat ihn offenbar noch mehr erheitert als jene, ein Detektiv zu sein.

„Weder will ich Sie verraten", sagt der Schatten leise, „und noch weniger werfe ich Ihnen etwas vor. *Ich* bestimmt nicht. Machen Sie sich nur ja keine Sorgen. Im Gegenteil. Ich könnte es Ihnen sogar beweisen, daß ich nicht sinnlos moralisieren will."

Clemens erscheint erleichtert und läßt sich auf seine Bank fallen. „Wie denn?" fragt er.

„Indem ich Ihnen eine zweite Geschichte erzähle."

„Ich habe aber Durst!" sagt Clemens.

„Ich weiß", sagt der Schatten und greift in einen Bogen des Kreuzgangs. Dann kehrt er zu Clemens' Bank zurück. Er trägt zwei Gläser und eine Flasche in der Hand. Er schenkt die Gläser voll, setzt sich und beginnt eine zweite Geschichte.

# Lilien

Gnâde, frou küneginne!
Lâ mich dir leben mîne zît!

„Nur bitte ich, Adam möge bartlos sein!“

Da wurde es still in der Ratsstube. Martin Cronthal, der Stadtschreiber, fragte, als hätte er sich verhört: „Meister Till, Ihr sagtet — bartlos?“

Der Bildschnitzer und Steinmetz Tilman Riemenschneider nickte: „Jawohl. Ich sagte: bartlos.“

„Nun“, sagte Cronthal nach einer Weile des Schweigens, „mir soll es recht sein; Bart hin oder her, das soll mich nicht um meinen Schlaf bringen. Ich fürchte nur ...“

Die zehn anwesenden Ratsherren des Würzburger Unterrates blickten bedenklich. Jörg Spon sagte: „Die Welt hängt sicher nicht am Barthaar. Doch sagt uns: Warum soll Adam keinen Bart tragen wie sein Vorgänger?“

Riemenschneider antwortete: „Die Welt war jung, als Gott sie schuf. Eva war ein Mädchen, als Gott sie dem Adam aus der Rippe zog. Und als sie einander erkannten, war Adam kein Greis. Noch waren sie unschuldig. Noch waren sie jung und schön. Adam war bartlos.“

Philipp Heißner sagte: „Man weiß, daß Ihr Euer Handwerk versteht. Ich weiß etwas vom Wein, von Euren Sachen weiß ich nichts. So mag Euer Adam von mir aus gerne bartlos sein. Wenn man nur den alten Scherenberger nicht verärgert. Die Tradition will einen Adam im Bart. Der Fürstbischof ist die Tradition. Und er hat das Sagen. Mit ihm will ich nicht mehr Ärger haben als nötig. Könnt Ihr die Hand ins Feuer legen, daß es keinen Streit geben wird?"

„Nein", sagte Riemenschneider freundlich, „das kann ich nicht. Aber St. Marien ist nicht des Bischofs Kirche, sondern jene der Stadt. Und: Es werden Figuren geraten, die *Euch* Ehre machen werden; das versichere ich bei *meiner* Ehre! Laßt mich den Adam bartlos machen; der Bischof wird's schon leiden! Oder glaubt Ihr, ich wollte die zwanzig Gulden aufs Spiel setzen, die Ihr mir bei Gefallen des Werks ausgesetzt habt?"

Tilman Riemenschneider war ein zupackender, gewinnender Mann. Als Ratsbeschluß wurde protokolliert: „Mehrheitlich beschlossen, daß man Adam, den Meister Till aus Stein hauen soll, keinen Bart machen soll", so geschehen am 21. Dezember 1492 im Grafeneckart, im Rathaus zu Würzburg.

Seit knapp zehn Jahren lebte zu jener Zeit Riemenschneider in der Stadt und war seit sieben Jahren mit der Goldschmiedswitwe Anna Schmid verheiratet. Seine Heirat hatte ihm Bürgerrecht und Meisteramt eingetragen, dazu das feste Haus in der Franziskanergasse. Riemenschneider war ein ruhiger, freundlicher Mann, der seine Nachbarn zu behandeln wußte. Zwar überragte er die meisten Menschen in der Stadt um reichlich einen Kopf. Aber er blickte auf niemanden hinab. Und er fürchtete sich nicht, nach oben durchaus selbstbewußt zu blicken. Die ersten Aufträge kamen. Riemenschneider brachten sie wenig Geld, aber viel Lob ein. Hier war einer, der seinen Stechbeitel offenbar noch besser anzusetzen wußte als seine Worte. Der fürstbischöfliche Stadtherrscher Rudolf von Scherenberg stand der Kunst nicht einfach gleichgültig gegenüber; er begann bereits damit, sich Riemenschneiders Namen zu merken. Bald sollte er bei ihm seine Grabplatte bestellen.

Bereits im November des Jahres 1490 hatte Riemenschneider vom Unterrat der Stadt Würzburg den Auftrag erhalten, Figuren von Adam und Eva aus Stein zu hauen, „ungefähr drei Finger höher, als Meister Till ist". Seine Figuren sollten ältere ersetzen und unter Baldachinen außen am Portal der städtischen Marienkapelle angebracht werden. Man hatte ihm einhundert Gulden und, wenn das Werk zur Zufriedenheit gelingen sollte, zwanzig Gulden extra versprochen, eine Summe, von der Riemenschneider sich immerhin zwei Pferde oder zehn Kühe würde kaufen können.

Die Vorarbeiten waren abgeschlossen, die eigentliche Arbeit sollte beginnen, da war Riemenschneider an den Rat herangetreten: „Nur bitte ich, Adam möge bartlos sein!"

Der Rat war schließlich Riemenschneiders Begründungen gefolgt. Riemenschneider konnte sich auf seine Überzeugungskraft verlassen. Diesmal war er nicht wenig stolz darauf. Denn diesmal hatte er gelogen. Seine Gründe, Adam ohne Bart darzustellen, waren in Wahrheit ganz andere gewesen als jene, die er vor dem Rat angegeben hatte. Die wahren Gründe hatte er nicht mitteilen wollen. Oder besser: Er hatte sie nicht mitteilen *können*.

Nur wenige Wochen nachdem Riemenschneider den Auftrag erhalten hatte, zeigte ein fahrender Geselle sein Stammbuch vor; Riemenschneider nahm ihn in sein Haus. Der junge Mann, Hermann mit Namen, und anders wollte er sich nicht rufen lassen, kam aus Flandern, war in Frankreich gewesen, in Italien gar; nun hatte ihn der Rückweg durch Würzburg geführt.

In Hermanns Musterbuch fand Riemenschneider manches, das ihm fremd war, Skizzen, die ihn die Stirn runzeln ließen, Ornamente, von denen er nicht hätte sagen können, ob sie ihm gefielen, schließlich Körperstudien, die von erstaunlicher Genauigkeit waren. „Das ist nach Modellen gezeichnet?" Hermann nickte. „Nach lebenden Modellen?" Hermann nickte erneut. Riemenschneider hatte davon sagen hören. Es gab in Italien Akademien, in denen junge Männer nackt Modell standen. „Es kommen neue Zeiten", sagte Riemenschneider, „was sie bringen, fügt sich nicht recht zu den Formen der alten Zeit. Aus deinem Buch strömt mir der Duft einer wundersamen Freiheit. Erzähle mir von Italien!"

Hermann errötete. Er wußte nicht recht, was er sagen sollte. Riemenschneider sah den jungen Mann aufmerksam an.

Es bedurfte keiner Wochen, um zu erkennen, daß der neue Geselle mit Hand und Werkzeug geschickt umzugehen wußte. Und seine Schüchternheit würde er gewiß überwinden. Wie lange würde er bleiben?

Es geschah bald darauf, daß zwei Kaufleute aus Münnerstadt die Werkstadt in der Franziskanergasse betraten. Sie erbaten einen stattlichen Altar, der die Geschichte der Maria Magdalena zum Thema haben sollte. „Ihr sollt an Gold und Farbe nicht sparen, Meister Till, man will in Münnerstadt nicht kleinlich sein. Wir geben Euch 120 rheinische Gulden dafür." Riemenschneider wiegte bedenklich den Kopf. Doch bei 145 Gulden schlug er ein.

Neben den üblichen Alltagsarbeiten, neben Sippenaltären, Votivtäfelchen, neben einigen Möbeln und manchen Reparaturen lagen nun zwei große Aufträge vor. Riemenschneider war ehrgeizig. Diese beiden Aufträge sollten nicht nur zur Zufriedenheit der Auftraggeber erledigt werden. Sie sollten vielmehr an Kunstfertigkeit nicht leicht zu überbieten sein. Und sie sollten ihm weitere, größere Aufträge einbringen. Riemenschneider arbeitete an dem Namen seiner Werkstatt. Er würde daher jede Hand brauchen können, vor allem wenn sie so geschickt war, wie die Hermanns. Zu den beiden Lehrjungen waren sonst nur noch zwei andere Gesellen im Haus. Riemenschneider bat also Hermann, so lange zu bleiben, bis die großen Aufträge ausgeführt sein würden, also wohl an die zwei Jahre.

Hermann wollte zwar nach Flandern zurück. Aber es trieb ihn nicht. Und Riemenschneiders Kunst hatte ihn in den wenigen Wochen, da er sie nun kennengelernt hatte, angerührt, so sagte er. Hermann versprach zu bleiben.

„Hermann bleibt“, sagte Riemenschneider am Abend zu seiner Frau.

„Ja“, antwortete diese.

„Ich bin froh über eine so weitgereiste wie geschickte Hand. Nun ist mir um die Arbeit nicht mehr bange.“

„Ja“, antwortete Anna Schmid.

„Er sagte auch, er hätte an meiner Arbeit Gefallen gefunden. Er wolle *gerne* bei mir lernen; sein Musterbuch sei noch lange nicht voll.“ Riemenschneiders Stolz war unüberhörbar.

„Nein“, sagte seine Frau.

Riemenschneider sah überrascht auf.

„Es ist ihm weniger um sein Musterbuch zu tun“, lächelte seine Frau, „wie ist es nur möglich, daß einer wie du, der für seine Werke ein Auge haben muß, kein solches dafür hat, was um ihn her geschieht!“

Doch Riemenschneider ließ sich seinen Stolz nicht ausreden.

Anna Schmid aber war im Recht. Der Geselle Hermann hatte das Neumünster zur Abendmesse besucht — und tat es wieder, so oft es ihm möglich war. Denn er hatte dort ein Gesicht entdeckt, das Gesicht einer Frau, die gleichfalls der Messe beigewohnt hatte, ein strenges, hoheitsvolles Gesicht von der Schönheit einer Lilie, das ihm nicht aus dem Sinn gehen wollte. Das Gesicht gehörte einer schlanken Frau, wohl einige Jahre älter als er selbst, wohlgekleidet; eine Dame, keine Magd. Sie hatte ihn nicht bemerkt, aber ihr Gesicht war ihm sogleich zum Grund geworden, in Würzburg zu bleiben.

Hermann war nicht fromm. Wie Riemenschneider selbst trug er seinen Glauben wie ein leichtes Gewand im Sommer; er wärmte nicht, aber wozu ihn ablegen? Dennoch wiederholte Hermann seine Besuche im Neumünster. Er suchte sich einen Ort, von dem aus er die lilienschöne Frau beobachten, unbemerkt in ihr Gesicht sehen konnte. Empfing sie die Kommunion, war Hermann nicht weit. Verließ sie nach der Messe das Gotteshaus, drängte sich Hermann in ihre Nähe, sah ihr Haar dicht vor seinen Augen, sah sie hinausgehen, folgte ihr, mußte sie schließlich gehen lassen.

Einmal tat er, als hätte man ihn gegen sie gedrängt, berührte ihren Körper. Sie wandte ihm ihr Gesicht zu, unwillig, mißbilligend. Hermann errötete, entschuldigte sich. Sie lächelte nicht, ging weiter.

Beim nächsten Besuch erkannte sie ihn wieder, bemerkte ihn, wie er zu ihr hinüberblickte. Sie drehte sich rasch zur Seite, daß er ihr Gesicht nicht mehr sehen konnte. Hermann schlug das Herz; er wußte sich entdeckt.

„Es ist die junge Frau von Georg Wader, dem Befehlshaber des bischöflichen Fußvolks“, sagte Anna Schmid, „sie hält ihn in Würzburg noch fester zurück als das große Geschick des Bildschnitzers Riemenschneider.“

„Woher weißt du das alles?“ fragte Riemenschneider.

„Ich bin eine Frau“, antwortete Anna Schmid, „ich besuche gelegentlich die Messe, und ich bin nicht blind.“

Bevor der Altar für Münnerstadt die Werkzeuge bewegte, beschäftigte er die Köpfe. „Maria Magdalena — was ist das“, dachte Riemenschneider laut vor sich hin, „eine große Sünderin und eine noch größere Büßerin ...“

„Verzeiht, ist sie nicht erst einmal eine Frau?“ wandte Hermann vorsichtig ein.

„Mag sein, aber das ist nicht interessant“, widersprach Riemenschneider. Hermann wandte das Gesicht ab.

„Ja, grinse du nur über den alten Mann“, fuhr ihn der dreißigjährige Riemenschneider an, „aber an einer Maria rührt mich nicht die Frau, sondern die himmlische Reinheit, für die sie steht; an einer Magdalena interessiert mich nicht das Weib, sondern die Aufrichtigkeit, mit der sie büßt. Ich schaffe die Reinheit, nicht Maria; ich schnitze die Aufrichtigkeit, nicht Magdalena.“

Da blitzten Hermanns Augen: „Bei mir ist es gerade umgekehrt. Die Reinheit — wer ist denn rein? Und seht Euch um: Wo gibt es denn Aufrichtigkeit? Mich interessiert die Maria, die Magdalena, der Mensch.“

Riemenschneider war von der plötzlichen Leidenschaftlichkeit des Jüngeren überrascht. Hermann hielt sie sonst gut verborgen hinter seinem Schweigen, seinem stillen Beobachten und hinter seiner Schüchternheit. Nun aber war jene Leidenschaftlichkeit endlich einmal herausgeklettert und hatte Hermann zu etwas verleitet, was — anders als das Talent — Riemenschneider bei ihm bisher vermißt hatte: zum Widerspruch.

„Dich interessiert der Mensch. Nun gut. Aber ich frage: der Mensch, wie er ist, oder der Mensch, wie er sein soll?"

Hermann ereiferte sich: „Ich weiß, Ihr würdet allezeit nur den Menschen abbilden, wie er sein soll, weil Ihr in einer Abbildung dessen, wie er ist, keinen Sinn seht. Eure Kunst ist zutiefst moralisch. Mir aber ginge es weder um das eine noch um das andere."

„Was interessiert dich dann am Menschen?"

„Seine Schönheit!"

„Und was ist Schönheit?"

„Schönheit ist Maß, Schönheit ist Proportion, Schönheit ist die Harmonie der Formen, aus denen der Mensch besteht …"

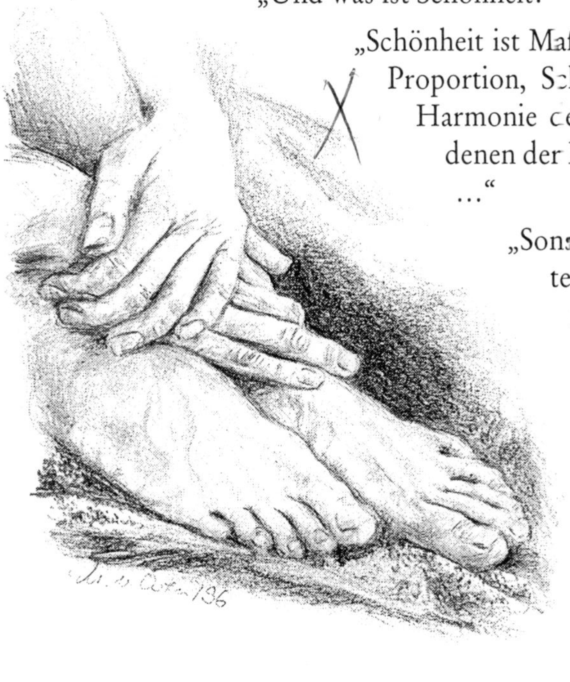

„Sonst nichts?" unterbrach ihn Riemenschneider.

Hermann schaute überrascht: „Was meint Ihr?"

„Maß, Proportion, Harmonie der Form: Ist *das* die Waderin, und sonst nichts?"

Das Gesicht Hermanns wechselte die Farbe und wurde blaß. „Ich weiß nicht, was ..." stammelte er, „wie kommt Ihr auf ... und woher wißt Ihr ..."

„Ich bin zwar ein Mann. Aber ich bin dennoch nicht blind."

Anna Schmid, Riemenschneiders Frau, sagte am Abend zu ihrem Mann: „Wenn du willst, daß Hermann von dir lernt, darfst du ihn nicht verschrecken."

„Mehr noch, als daß er von mir lernt, will ich womöglich von ihm lernen?"

„Dann darfst du ihn erst recht nicht verschrecken".

Riemenschneider ärgerte sich über die Belehrung. Er wußte aber, daß seine Frau im Recht war.

Nach diesem Gespräch dauerte es einige Wochen, bis Hermann sich wieder aus seiner Schutzhaut wagte. Womöglich hätte er es nie mehr gewagt. Aber er erhielt unvermutet Hilfe.

Es stand Hermann nicht frei, in das Neumünster zu gehen. Das Gesicht der schlanken Frau zog ihn mit einer Gewalt dorthin, die er noch nicht kannte.

Nach der Messe, am Ausgang, stand sie einmal plötzlich vor ihm, während noch die anderen Menschen aus der Kirche strömten. „Laß mich in Ruhe", sagte sie gelassen zu ihm.

„Aber ... aber ich ...", und die Sprache versagte ihm. Sie sah seine Verlegenheit, die Röte des Gesichtes, seinen Blick, der sich verirrt hatte und nun so gar nicht wußte, wohin; da mußte sie lachen. „Wer bist du?" fragte sie. Er sagte es ihr. Er wollte sie anschauen und konnte es doch nicht. Aber genauso wenig konnte er sie *nicht* anschauen ...

„Ich bin die Frau vom Wader. Er ist Soldat des Bischofs ..."

„Ich weiß", sagte Hermann hastig.

„Dann weißt du ja genug über mich. Georg Wader mag das Volk nicht sonderlich. Am wenigsten mag er wandernde Gesellen. Und von diesen wiederum kommen ihm jene zu allerletzt, die seine Frau in der Andacht stören."

Die Lilie wandte sich zu gehen.

Die große Tat besteht nicht darin, sieben Löwen zu töten, sondern die Angst davor zu überwinden. Wenn sie jetzt gehen und er in seiner kindlichen Verwirrtheit ihr nur schweigend nachsehen würde, wäre es mit der Waderin vorbei, wenn er es nicht mit dem Wader zu tun haben wollte. Ihr jetzt nachzurufen, hätte aber für den scheuen Hermann bedeutet, vierzehn Löwen zu töten. Es dagegen nicht zu versuchen, hieße wohl, aus Würzburg einen jämmerlichen Abschied nehmen zu müssen. Ihm blieb also nichts als die große Tat. Daß er sie deswegen vollbrachte, macht sie nicht kleiner: „Verzeiht, Frau, ich wollte, ich könnte Euch zeichnen ..."

Alles wäre vergeblich, wenn sie jetzt ihren Weg fortsetzen und seinen Ruf in ihrer Nichtachtung ertrinken lassen würde. Hermann blickte gebannt. Hatte sie es gehört? Nein, sie schritt weiter. Die Welt ging ihm unter. Da blieb sie stehen.

„*Was* willst du?"

Er trat rasch zu ihr und stotterte leise: „Ich wollte Euch ... ich sagte, daß ... wir Maler, wir Bildschnitzer, wir brauchen ... wir suchen doch Gesichter. Ich muß ... ich will ... ich brauche Euer Gesicht!"

„Du bist wohl nicht gescheit! Wozu denn?“

Ihm fiel nichts ein. Es drückte und druckte in ihm herum. Da stand sie, war stehen geblieben, fragte. Er vor ihr, so tausendmal erträumt. Und er wußte keine Antwort. Sahen nicht schon die Leute zu ihnen hinüber? Wehr- und waffenlos stand er vor ihr —

„zum Leben“,

brach es da plötzlich unbeholfen aus ihm heraus. Und sogleich wußte er, daß nun alles vertan war. Statt einer eleganten Formulierung, die Türen öffnet, hatte er mit plumper Ungeschicklichkeit den Riegel nur feste davor geschoben. Er hielt den Blick gesenkt, als erwartete er seinen Schuldspruch. Sie sah ihn stehen. Sie sah ihn an. Und sie sagte leise: „Frag mich ein andermal.“

Hatte er recht gehört? Es klang ihm wie ein Freispruch. Er hob die Augen, und plötzlich klang seine Stimme fest: „Wann?“

„Du hast mich bisher gefunden, du wirst mich wieder finden“, sagte sie noch leiser, und mit einem Blick auf die Leute eilte sie davon.

Der schüchterne Hermann hatte sich fordernd sagen hören: „Wann?“ und hatte gemeint, einen anderen sprechen zu hören, der doch im Leben nicht er selbst sein konnte. Wer ihn belauschte, hätte fortan, wenn Hermann sich alleine glaubte, hören können, wie er mit derselben festen Stimme, als übte er es, immer wieder sagte: „Wann?“

Hermann selbst dagegen hörte bei Tag und bei Nacht nur immer jenes „… du wirst mich wieder finden“. Die Hoffnung ließ ihn wachsen, stärkte ihn. Hermann fürchtete sich nicht mehr vor Riemenschneider. Er sprach ihn von sich aus an:

„Meister Till, erinnert Ihr Euch, was Ihr jüngst von der Waderin sagtet?"

Riemenschneider hielt in seiner Arbeit inne und blickte fragend.

„Es sind also nicht die Proportion, das Ebenmaß, die Harmonie alleine, die mich am Menschen reizen. Es ist auch das Verlangen, die Schönheit zu genießen, zu besitzen. Ich möchte dies Verlangen mit in das Bild hineinschnitzen."

„Dies Verlangen nennt die Kirche Sünde", widersprach Riemenschneider.

„Und *ist* es Sünde?" fragte Hermann.

Riemenschneider schwieg.

Hermann fragte weiter: „Die Magdalena für Münnerstadt — ist sie nicht nackt?"

Riemenschneider lächelte: „Keineswegs. Als ihre Verfolger ihr die Kleider vom Leib rissen, wuchsen ihr die Haare, bedeckten ihren Körper, daß er den Verfolgern in keinem Augenblick sichtbar war. Wir werden Magdalena nicht nackt darstellen, sondern mit ihren Haaren bekleidet."

„Von oben bis unten?"

„Von oben bis unten!"

Wieder errötete Hermann, blieb aber hartnäckig: „Was glaubt Ihr, Meister Till, wie sieht wohl eine aus, die nur ihre Haare als Kleid trägt?"

„Nun, ich arbeite daran", antwortete Riemenschneider.

„Man sieht ihren Körper nicht?"

„Doch, schon, wie denn nicht, aber nicht wirklich. Und wie gesagt: Darauf kommt es mir nicht an."

„So könntet Ihr ja den Körper so dick machen wie das Weib vom Ratsherr Jörg Spon!“

Da trat Riemenschneider vor Hermann hin: „Was willst du eigentlich?“

Und dieser sagte drängend: „Laßt mich nicht nur zuschneiden, laßt mich nicht nur die Haare ziselieren. Laßt mich nicht nur zuarbeiten. Laßt mich die Magdalena machen. Laßt mich sie fertig machen. Ich verspreche, sie wird Euch gefallen!“

„Nein“, sagte Riemenschneider und wandte sich ab.

„Du bist dumm“, sagte am Abend im Bett Anna Schmid zu ihrem Mann. Der sah sie lange an. „Davon verstehst du nichts“, antwortete er und drehte sich mürrisch zur Wand. So sah er auch das Lächeln seiner Frau nicht.

Aber am Morgen winkte er Hermann und sagte zu ihm: „Du wirst die Magdalena nicht machen. Ich will sie selbst machen. Ich bin zwar keiner von der leichten, italienischen Zeit. Aber ich bin einer, dem zu dem alten Gewand noch immer eine neue Falte einfällt. Wenn die von Münnerstadt mir folgen, werden nicht nur sie Augen machen, sondern du auch.“

Hermann blickte ausdruckslos. Aber er ballte die Fäuste.

Riemenschneider sah es und legte begütigend die Hand auf die Schulter des jungen Mannes. „Ich weiß etwas Besseres für dich. Du wirst die Eva machen. Sie ist nackt. Das wirst du besser können als ich.“

Hermanns Augen leuchteten überrascht. Er griff Riemenschneider an die Schultern. Er wollte etwas sagen, seinen Dank, aber er wußte nicht, wie er das anstellen sollte.

„Eines noch, von einem Handwerker zum anderen." Hermann ließ die Schultern fahren und sah auf.

„Ich gebe dir freie Hand. Nur wenn es um Evas Gesicht geht, will ich gefragt sein."

Hermann blickte seinerseits fragend.

Riemenschneider sagte aufrichtig: „Erschrick nicht. Und sei mir nicht böse. Aber wenn der Wader das Gesicht seiner Frau über dem Portal der Marienkapelle leuchten sieht, wird er nicht dir, sondern mir heimleuchten. Und zwar in das Verließ der Marienfeste."

Hermann blieb stumm.

„Dasselbe wie für Evas gilt übrigens auch für das Gesicht des Adam. Nun fort, denk' an deine Italiener, ich will etwas lernen!" sagte Riemenschneider noch, dann ließ er seinen Gesellen stehen.

Der nackte Körper benötigte zu jener Zeit noch immer und fast überall ein biblisches Gewand. Aber Susanna im Bade oder der Hl. Sebastian am Pfahl waren für die Künstler, die sie entwarfen, immer weniger nur biblische Illustrationen, sondern mehr und mehr Körperstudien, Versuche in Proportionen und Haltungen, Gestaltungen der menschlichen Bewegung, des Gestus. Hermann arbeitete an Adam und Eva.

Und: Hermann besuchte die Abendmesse, so oft es ihm möglich war. Nicht immer traf er jene, derentwegen er gekommen war. Kam sie jedoch und sah, wie er zu ihr hinüberblickte, verbarg sie ihr Gesicht nicht länger vor ihm.

Hermann arbeitete, aber es arbeitete auch in Hermann. Endlich, nach Wochen, drängte er sich am Ausgang in ihre

Nähe, und während ihm sein Herz fast barst, raunte er ihr mit heiserer Stimme zu: „Wann?"

Sie tat unbewegt, als hätte sie nicht gehört und strebte weiter dem Ausgang zu. Dann aber verhielt sie; er näherte sich ihr wieder, sie raunte zurück: „Morgen vor Abend im Lusamgärtlein!"

Es war aber nördlich des Neumünsters, von diesem durch eine Tür zu betreten, ein Umgang mit einem Grashof in der Mitte, der zur Bestattung derer diente, die ihrer an einer solchen Stelle würdig waren. Auch wurde dieser Hof bisweilen genutzt, Verträge zu unterzeichnen. Es war ein stiller, gelassener Ort voll Anmut; man nannte ihn seit alten Tagen das „lustsame Gärtlein", das „Lusamgärtlein".

Hier fand sich Hermann ein, weit vor der Abendmesse, mit Zittern und Bangen im Herzen und wartete. Sie kam. Sie beschritt den Umgang. Er gesellte sich ihr schweigend zu. Niemand sonst war zugegen. Es roch nach Blumen, und in einer Linde sangen die Vögel den Tag zur Neige.

„Du willst also mein Gesicht malen?" fragte sie gleichgültig, ohne im Gang zu verhalten.

„Es steht mir nicht zu", stammelte Hermann, „ich will ... ich würde gerne ... es ist so, daß ich ..." und brach ab.

„Wenn deine Hand so gewandt ist wie deine Zunge, möchte ich solches Bild nie sehen."

Immer weiter beschritt sie den Umgang. Hermann, aufgehängt zwischen der Notwendigkeit, Schritt zu halten und zugleich Worte zu finden, fiel zurück, wenn er nach Worten suchte. Glaubte er, solche gefunden zu haben, holte er die Frau ein. Hatte er sie eingeholt, hatte er die Worte vergessen.

„Was ist? Sprich, was willst du von mir?"

Hermann rang nach Worten und Schritten.

„Mehr als ein Fisch hast du mir nicht zu sagen?"

„Doch, wohl, manches ... Es ist nur ..."

So gingen sie den Umgang, einmal, dreimal, zehnmal. Die Zeit der Abendmesse nahte. Und je mehr Zeit er verlor, desto weniger Worte fand Hermann. „Ich muß doch etwas sagen", dachte er, „sie anreden, schöne Worte machen, sie wiedersehen ..."; doch je mehr Zeit er vertat, desto mehr schnürte es dem Furchtsamen die Kehle zu, und die rechten Worte fanden nicht heraus. Die Tränen standen ihm in den Augen; er wollte schon alles verloren geben.

Da blieb sie stehen. Hermann hielt sich vor Schreck an einem Baum fest; es war eine Linde, nahe dabei ein Grabspruch in einen Stein gemeißelt, der an einen erinnerte, der Walther geheißen hatte; der Grabspruch aber nannte diesen Walther eine „Weide der Vögel" und eine „Blume der Dichtkunst".

Da geschah es, während Hermann sich an der Linde hielt, daß er sich plötzlich sagen hörte: „Ich habe geschwiegen, weil die Ehre der Frau es gebietet. Ich kann nicht länger schweigen, weil ihre Schönheit es so verlangt. Laßt es mich ehrlich sagen: Ihr seid der Schönheit einer Lilie gleich. Euer Gesicht hat mich in Bann geschlagen, hat mir Ketten angelegt. Es hat einen Strick um mich gebunden und zieht mich daran wie einen Esel hinter sich her. Ich höre die Vögel singen: Spottlieder auf einen elend Gefangenen; die Blumen duften mir Hohn, die Bäume rauschen ihr Gelächter hinterdrein. Mich aber dünkt ein solcher Kerker schöner als ein Fürstenschloß, der rohe Schemel darin ist mein Königsthron, und das trockene Brot solcher Gefangenschaft schmeckt nach Honig und Mandeln. Ich wollte in diesem Verließ schmachten wohl hundert Jahr, wenn ich Euch nur ein einziges Mal ein Bett aus Klee und Rosen bereiten dürfte. Verzeiht, edle Herrin, daß ich Euch sagte, was man doch nicht sagen darf. Doch wollte ich sterben, wenn es ungesagt bliebe. Und könnte nicht sterben, solange es nicht gesagt wurde. Ich verlasse Euch. Nie wieder werde ich Euch zur Last fallen. Nur laßt mich in der Messe Euer Gesicht ansehen!"

Hermann, der nicht glauben konnte, was er gehört hatte und vor allem nicht, von wem, wandte sich zu gehen, ging. Wer meinte, es wäre Berechnung, irrt. Hermann ging unschuldig.

„Bleib'!"

Sie holte ihn ein, ihre Kleider rauschten. „Morgen, zur Nacht, wenn es zehn schlägt. In der Sanderau!" raunte sie im Vorübergehen, eilte in die Kirche zurück und verschwand.

Hermann blieb an der Tür zur Kirche stehen. Er blickte in das Gärtlein zurück. Es lag wie vordem. Die Linde stand, die Vögel sangen den Tag zur Neige. Aber ihm war, als lächelte alles, und alles ihm zu; und die Blumen nickten ihm mit ihren Blüten und wehten ihm mit einem freundlichen Duft zum Abschied nach. Hermann verließ das Lusamgärtlein.

Es fiel dem armen Hermann schwer, am folgenden Tag zu arbeiten.

Riemenschneider fragte: „Es geht nicht voran?"

Hermann antwortete: „Doch, es geht voran."

Riemenschneider lächelte heimlich.

„Hast du schon Zeichnungen?"

Hermann blickte auf: „Von Adam und Eva?“

„Von wem sonst?“

Hermann schüttelte den Kopf. „Aber bald ...“ sagte er.

Riemenschneider blickte scharf hinüber. Dann sagte er gleichmütig:

„Wenn ich die Magdalena mache, mache ich ein Bild, sagst du. So ist es. Die Frau ist nur ein Bild für das, worum es geht: um Reue und Umkehr. Ich schnitze ein Bild von Reue und Umkehr. Was aber sagt man in Münnerstadt? ‚Spart nicht an Gold und Farbe‘, so sagt man dort. Fällt dir daran nichts auf?“

Hermann sah erstaunt drein: „Nein, so macht man es eben, man schnitzt, und dann kommen die Maler und verkleistern das Ganze mit Gold und Farbe“.

„Daß es nur ja lebensecht wirkt?“

„Ja.“

„Einer lebendigen Heiligen zum verwechseln ähnlich?“

„Gewiß! So war es doch allezeit!“

Hermann verstand nicht, worauf Riemenschneider hinaus wollte. Der aber erklärte: „So daß die Leute glauben, sie hätten nicht ein Bild, sondern eine wirkliche, lebendige Heilige dort stehen! Sie legen ihre Träume hinein und ihr Sehnen. Sie erflehen die Erfüllung ihres Lebens von ihr. Sie verwechseln das Bild und halten es für die Sache. Die Wirklichkeit aber ist: Dort steht nur ein Stück Holz, nur ein Bild. Ich aber will keine Heilige, ich will tatsächlich nur ein Bild von Reue und Umkehr. Denn nur darum geht es, nicht um die Heilige. Morgen reise ich nach Münnerstadt, der Verwechslung zu wehren. Ich will den Altar nur lasieren in einem warmen, braunen Ton. Nicht bunt: nur eine einzige Farbe — dann nämlich ist es wirklich nur ein Bild. Und dann gibt es auch keine Verwechslungen."

Hermann blickte bewundernd drein und stimmte zu. Dann aber verdunkelte sich sein Blick: „Aber man wird Euch vor die Tür setzen. Das Neue ist am Anfang unerhört. Da nützt Euch die Brillanz des Einfalls nichts."

„Glaubst du?" fragte Riemenschneider lächelnd, „warte nur! Ich habe meinen Mund nicht allein zum Suppelöffeln!"

Es war eine Weile still in der Werkstatt. Dann sagte Riemenschneider vorsichtig: „Derlei Verwechslungen gibt es übrigens auch sonst."

Und als Hermann nicht verstand, fuhr Riemenschneider fort: „Man geht und sieht ein Gesicht. Und man legt seine Träume hinein und sein Sehnen. Man erfleht die Erfüllung seines Lebens von der Frau, von diesem einen Gesicht. Wenn dies Gesicht aber nun aus Holz ist? Wenn es nicht hält, was es verspricht?"

Hermann wurde rot. Dann sah er Riemenschneider gerade ins Gesicht und sagte offen: „Darum gehe ich heute nacht zum Main hinunter. Ich will sehen, woraus das Gesicht ist. Ich will sehen, ob es hält, was es verspricht."

„Und wenn nicht?"

„Dann müßt Ihr Adam und Eva selbst fertigmachen."

Riemenschneider trat vor Hermann hin und sagte: „Was aber ist, wenn es doch hält, was es verspricht? Ich kenne Georg Wader!"

Hermann wurde bleich. „Ich weiß es nicht", flüsterte er, „ich weiß nicht, was dann ist. Gott steh' mir bei! Aber dann werde ich Adam und Eva fertigmachen, koste es mich, was es wolle!“

Riemenschneider sagte zu Anna Schmid: „Achte auf den Jungen, wenn ich morgen nach Münnerstadt reise!“

Sie antwortete: „Das will ich tun, soweit es an mir ist. Aber es ist, als wollte man auf den Wind achtgeben, daß er nicht bläst.“

In der Nacht ging Hermann zum Main hinunter. Und er fand ein Bett aus Klee und Rosen.

Als Riemenschneider nach drei Wochen aus Münnerstadt zurückkehrte, hörte er schon von ferne den Lärm in der Werkstatt. Hermann arbeitete an Adam und Eva. Das Gesicht war nicht aus Holz gewesen.

So ging es Wochen, Monate. Hermann arbeitete; am Abend ging er zum Main hinunter. Riemenschneider war häufig in Münnerstadt. Und Anna Schmid gab auf den Wind acht, daß er nicht blies.

Doch den Wind hält niemand. Es geschah, was wohl irgendwann geschehen mußte: Jemand entdeckte sie in einer Nacht am Fluß. Er würde es Georg Wader hinterbringen. Den Entdeckten blieb wenig Zeit. Sie flohen in die Franziskanergasse. Dort standen sie vor Riemenschneider und seiner Frau: der junge, glühende Geselle Hermann, in seiner Not von einer Schönheit, die wahrhaftig lohnte, ein Bild zu werden. Und neben ihm die schlanke Frau mit dem strengen, hoheitsvollen Gesicht, dem die Angst eine blasse Farbe gab. „Wahrhaftig, eine Lilie“, dachte Riemenschneider.

„Ich wollte lange fliehen“, sagte sie, „fliehen mit ihm. Aber er wollte nicht. Adam und Eva wollte er noch zu Ende schaffen. ‚Flieh’ mit mir oder laß mich‘, drohte ich.

Aber er wollte Adam und Eva nicht unfertig zurücklassen. ‚Wir sind es doch, wir selbst, ich muß uns fertig machen ...', so jammerte er. ‚Dann geh'!' sagte ich. Aber er ging nicht. Da konnte ich auch nicht gehen. Nun ist es vorbei. Nichts tut mir leid. Aber wir sind nicht fertig geworden. So wenig wie Adam und Eva."

„Nichts ist vorbei", sagte Riemenschneider, „lauft, flieht, versteckt euch."

„Es ist ein Fischer unten am Main", sagte Anna Schmid und zog einen Beutel hervor, „gebt ihm dies, er fährt euch den Fluß hinunter, für diesen Beutel sogar bis zum Rhein."

Riemenschneider nahm den Beutel und drängte ihn Hermann in die Hand: „Rasch, geht!"

Die beiden Männer sahen sich in die Augen, und Riemenschneider sagte: „Ich mache Adam und Eva fertig. Was auch geschieht, ihr werdet oben an der Marienkapelle stehen."

Hermann sagte eilig: „Ich habe Eure Gesichter studiert. Auch das von Maria Magdalena. Ich habe es versucht. Es ging nicht. Eva trägt nun ihr Gesicht", und wies mit den Augen zu der schlanken Frau.

„Wie heißt sie?" fragte Riemenschneider.

„Eva", antwortete Hermann.

Dann flohen sie. Georg Wader erschlug beide samt des Fischers kaum eine Tagesreise weit mainabwärts.

Mit Blut an den Händen betrat er Riemenschneiders Werkstatt und sagte: „Dein Geselle ist tot wie auch die Hure. Amen! Und nun ist es an dir!" Ruhig trat Anna Schmid dazwischen: „Nichts wußte er davon, so wenig wie ich.

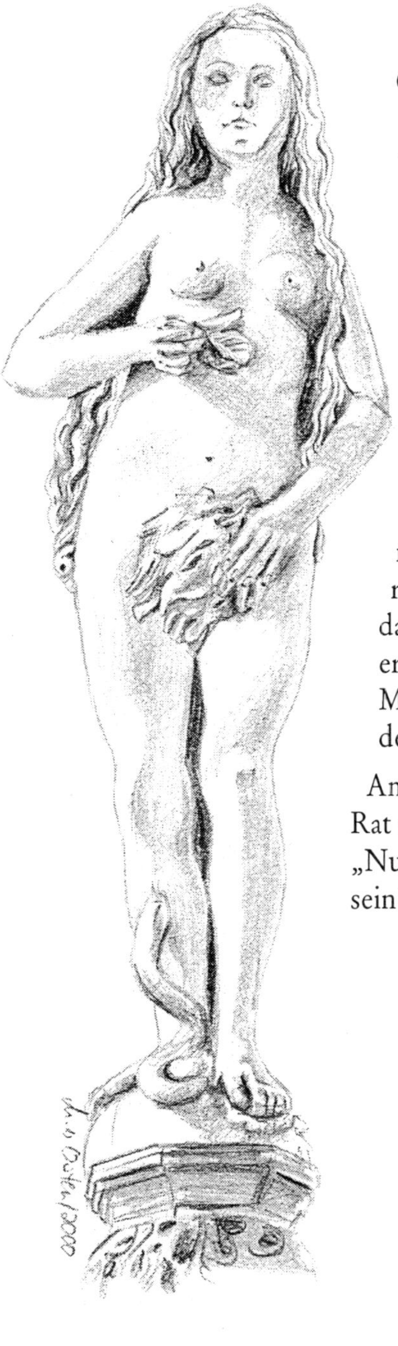

Gott verfluche den verruchten Gesellen! Laßt uns in Ruhe!“

Wader verließ das Haus schweigend.

Riemenschneider sah seine Frau lange an. Ihre Rede war klug gewesen. Aber sie hatte ihm nicht gefallen. Er ging in die Werkstatt. Da lagen sie, Adam und Eva. Und waren kaum weniger lebendig als die toten Hermann und Eva je gewesen waren. Riemenschneider änderte das Gesicht der Frau. Danach trat er zu Adam: Ein junger, schöner Mann ohne Bart. Riemenschneider ließ sein Werkzeug sinken.

Am nächsten Tag stand er vor dem Rat der Stadt Würzburg und sagte: „Nur bitte ich, Adam möge bartlos sein!“

# Auf der Bank

Es ist still im Lusamgärtlein, und es duftet nach Frühling, nach Erinnerungen, nach Geschichten — und ein wenig auch nach Wein.

„Na, bravo", sagt Clemens, „Sie verstehen es wirklich, einem die Laune zu verderben!"

„Wieso?" fragt der Schatten.

„Das Lächeln des Frühlings vertreiben Sie mit traurigen Geschichten! Liebesgeschichten sind nur schön, wenn sich die Liebenden am Ende in den Armen halten!"

„Aber sie haben einander doch in die Arme genommen! Sie sind zusammen geflohen!"

„Um zu sterben! Na, ich danke recht schön!"

„*Sie* würden für die Liebe wohl nicht gern sterben?"

Es ist bedauerlicherweise meine Aufgabe, daran zu erinnern: Clemens hat offensichtlich Ehefrau und dazu noch eine Geliebte und war durchaus bereit, die Nacht mit einer dritten zu verbringen, nämlich jener Kellnerin. So müßte Clemens eigentlich antworten: Für welche Liebe?

„Für welche Liebe?" fragt Clemens eben.

Na bitte! Doch der Schatten läßt sich von seinem Ziel so wenig abbringen wie ein Anwalt von der Unschuld seines Mandanten. Überhaupt habe ich insgeheim das Gefühl, dort im Lusamgärtlein weniger einer Gerichtsszene mit

Richter und Angeklagtem beizuwohnen, als einem vertraulichen Gespräch zwischen Anwalt und Mandanten zu lauschen. Nur daß ich so wenig wie Clemens weiß, wer diesen Anwalt eigentlich bezahlt.

Der fragt nun: „Sie lieben Ihre Frau nicht, sonst hätten Sie keine Geliebte. Sie lieben aber auch diese nicht, sonst hätten Sie nicht Hand an die Kellnerin legen mögen. Sie lieben also die Kellnerin?"

„Unsinn!" sagt Clemens. Und dann denkt er nach. Der Schatten unterbricht ihn nicht.

Plötzlich bricht es aus Clemens heraus: „Sie sind mir vielleicht einer! Wenn ich Ihre zweite Geschichte recht verstanden habe, stört es Sie nicht, daß jene Frau ihren Mann zugunsten ihres Geliebten verließ. Was stört Sie dann an meiner Geliebten?"

„Die Kellnerin."

„Woher zum Teufel wissen Sie das nur alles? Wer sind Sie denn eigentlich? Wieso rede ich überhaupt mit Ihnen? Das ist doch alles Unfug! Was wollen Sie eigentlich?"

„Beruhigen Sie sich", sagt der Schatten und schenkt Wein nach, „im Grunde will ich gar nichts. Nur dies eine läßt mir keine Ruhe, daß ich mir einfach keinen Reim darauf machen kann, wen von den drei in Frage kommenden Personen Sie nun wirklich lieben. Oder eine vierte? Oder keine? Da sagte ich verärgert: ‚Herrgott noch mal, welche denn nun?' und er antwortete: ‚Frag' ihn doch selbst! Sonst gibst du ja doch keine Ruhe!' Somit hatte ich Erlaubnis, bin nun also hier und frage Sie!"

Jawohl, Sie haben richtig gehört. Genau das waren soeben die Worte jenes sonderbaren Schattens. Langsam frage ich mich selbst, wer das eigentlich ist. Und die Antwort, die ich ahne, ist so unglaublich, daß ich noch nicht weiß, ob ich je den Mut finden werde, sie mitzuteilen.

Clemens hat, was uns soeben als etwas seltsame Verschrobenheit beunruhigte, gar nicht bemerkt. Denn er ist in seinen Gedanken untergegangen wie ein schwerer Stein im Teich. So kann ich von ihm jetzt nichts weiter sagen, als daß ich glaube, ihn leise murmeln zu hören: „Herrgott noch mal, welche denn nur?"

Da reißt es ihn plötzlich hoch, und er schreit aus voller Brust: „Ja, verflucht, welche denn nur?"

Der Schatten fällt ihm in den Arm und zieht ihn auf die Bank zurück. „Leise", raunt er dringlich, „sonst bekommen wir es beide nicht heraus."

Clemens aber sitzt auf der Bank und weint.

„Nun, nun", sagt der Schatten begütigend, „es wird schon."

Aber Clemens ist verzweifelt. Ich denke, der Wein wird sein Teil zu diesem Gemütsumschlag beigetragen haben. Wir können an dieser Stelle nicht genug vor dem Zeug warnen.

„So kommen wir ja nicht weiter", sagt der Schatten mit einem besorgten Blick zum Himmel. Aber es ist noch immer dunkle Nacht.

„Ich werde Sie aufheitern", sagt der Schatten, „haben Sie Geld?"

„Wie bitte?"

„Ob Sie Geld haben!"

„Und wenn?"

„Keine Sorge, ich will Ihr Geld nicht, aber zeigen Sie, was Sie haben!"

Clemens bekommt es mit der Angst. Der Schatten schüttelt seinen Kopf, steht auf, stellt sich an den romanischen Kreuzgangrest. Es ist, als spräche er dort mit jemand. Nun kehrt er zurück, reicht Clemens ein Stück Papier und sagt: „Sehen Sie einmal darauf!"

„Wie denn", sagt Clemens, „es ist doch stockfinster!"

„Gottseidank", murmelt der Schatten, dann aber flammt ein Feuerzeug auf.

Der Schein des Feuers fällt auf einen Geldschein. Clemens ist mitgenommen. Es fällt ihm nicht auf, daß der Schein des Feuers viel heller ist, als er es einem Feuerzeug nach sein könnte. Der einzige, der sich darüber wundert, bin wahrscheinlich ich.

„Sehen Sie das Gesicht?" fragt der Schatten.

„Ja, sicher", sagt Clemens.

„Sehen Sie genau hin. Das ist der Architekt Balthasar Neumann. Wie sieht sein Gesicht aus? Was denkt dies Gesicht wohl gerade?"

„Also, so genau habe ich mir das Gesicht noch nicht angeschaut. Aber jetzt, wo Sie es sagen, denke ich, sieht das Gesicht eigentlich sehr nett aus, als würde der Mann so etwas Ähnliches denken wie ... na ja, so etwas Ähnliches wie ..."

„Ich werde Ihnen erzählen, was er denkt", sagt der Schatten, „und auch, wie es kam, daß er so dachte!"

# Vergissmeinnicht

Ich sage dir, waz mir wirret:
der mir ist liep, dem bin ich leit.

Mit der Liebe verhält es sich wie mit Schloß und Schlüssel. Nur ist bisweilen das Schloß verrostet. Oder der Schlüssel verlegt, wenn nicht gar abgebrochen. Dann dauert es eine Weile, bis sich die verschlossene Tür öffnet.

Es war um das Jahr 1746, da kam ein junger Maurergeselle und machte auf seiner Wanderschaft in Würzburg Station. Da es in jenen Tagen einiges zu bauen gab in der Stadt, blieb er länger, als er selbst es wohl gedacht hatte.

Gewiß, der junge Mann verstand manches von seinem Handwerk. Nur glaubte er heimlich, daß in Wahrheit niemand mehr davon verstünde als er selbst. Gewiß, der junge Mann sah recht adrett aus, nur daß er bei sich selbst dachte, niemand könne sich diesbezüglich mit ihm messen. Und gewiß: Der Geselle führte seine Zunge nicht schlecht, nur daß er selbst insgeheim meinte, er führte sie besser als die Musketiere des französischen Königs ihre Degen.

Der Name dieses Gesellen tut im Grunde nichts zu Sache, er lautete Georg, und dieser Georg war also nichts als ein unangenehmer, aufschneiderischer Geselle, ein selbsternannter Wortführer, ein rechter Hansdampf, der nur gelten ließ, was ihm selbst etwas galt, und sich nicht vorstellen konnte, daß daneben auch noch anderes Geltung ernsthaft beanspruchen konnte.

Und dann war da Marie. Ihr Vater — ein Zimmermann, sie selbst: ein wenig schnippisch, und es kam ihr nicht zugute, daß sie wußte, wie sie aussah. Und wie herrlich sah sie aus: der Wuchs einer jungen Lärche, die Haare von reiner Seide, das Gesicht eines Engels! Nur daß sie eben von alledem wußte, darum: eingebildet wie ein Pfau aus der Orangerie des preußischen Königs.

Es war ein herrlicher Sommer; Georg, noch nicht lange in der Stadt, saß am Abend mit seinen Gesellen an einem Tisch vor dem Maulaffenbäck und gemeinsam beteten sie das Brevier des Durstigen, und zwar mit Andacht. Da aber ging Marie vorbei. Und Georg sah sie und sagte: „ — !"

Marie aber sah, was er sagte, und in ihrer Eitelkeit gefiel es ihr wohl, doch der es sagte, gefiel ihr nicht.

Als Marie vorüber war, und Georg seine Zunge wieder fand, sagte er: „Kreuzdonnerwetter — wer war das?"

Sein Nachbar schlug ihm derb auf die Schulter: „Jawohl! Das war Marie!"

Und Georg nahm sein Gebetbuch, schüttete den Inhalt mit großer Geste auf die Erde und sagte erklärend: „Der Wein, der sie gesehen und nicht ihr hinterher aus seinem Glase konnte, kann nur noch sauer sein!"

„Schade um den Wein", sagte der Nachbar, „denn wie jeder hier kannte er Marie und wußte, daß es nichts genutzt hätte, aus dem Glas zu springen. Sie hätte ihn erbarmungslos vor sich im Staub zerrinnen und vertrocknen lassen. Und hätte dabei bezaubernd lächelnd zugeschaut."

„Oho", sagte Georg, „sie weiß sich als einen derart schönen Pokal, daß ein jeder Wein dafür zu schade wäre?"

„Der Wein zu diesem Pokal wächst nirgendwo, es sei denn an den Hängen des Kaisers von Arkadien!“

„Ich bin sein Sohn!“ sagte Georg, und alle lachten. Das machte Georg ärgerlich. „Ihr glaubt mir nicht?“ schrie er, „Ich sage euch: mein Vater züchtete einen Wein, der jeden Rubin selbst des schönsten Pokals zum faden Glassplitter herabwürdigt! Übers Jahr, und ich sage euch, dieser Marienpokal ist mein, und ich hebe ihn, wann es mir gefällt und schlürfe daraus allezeit Nektar und Ambrosia!“ Man hielt ihm die Hand schneller hin, als ihm womöglich lieb war: „Dein Wort darauf, Georg, und wenn jener Pokal dann den Wein deines Vaters noch immer nicht kennt, hältst du uns frei, den Sommer hindurch, ein halbes Jahr. Es muß nicht der Wein deines Vaters sein. Uns reicht der Wein vom Würzburger Stein!“

Wollte Georg bleiben, was er scheinen wollte, blieb ihm nichts, als einzuschlagen.

Es war ein Jammer! Georg mühte sich, Marie amüsierte sich. Er scharwenzelte, Marie sah in die Luft. Er blies sich auf, sie lachte nur. Er machte ihr alle Tage seinen Bückling; sie ging an ihm vorüber, als wäre er Luft.

Einmal geschah es, daß er dem Oberbaudirekter der Hochstifte Bamberg und Würzburg, dem hochwürdigen Herrn Balthasar Neumann, ein Köfferchen zur neuen Residenz tragen durfte, an welcher man seinerzeit eifrig baute — da kam ihnen Marie entgegen. Georg blies sich auf und benahm sich gleich so wichtig, als wäre er nicht der kleine Maurergeselle Georg, sondern der vornehme Bruder des

Herrn Balthasar, enthielt Marie den üblichen Bückling vor und tat ganz, als wäre sie nichts als Luft für ihn. Die aber lachte nur mit heller Stimme, daß es ihm in das Mark fuhr. Und nun geschah Unseliges, weil es Georg auf einen Gedanken brachte: Balthasar Neumann, der bislang mit ihm, Georg, kein wirkliches Wort gesprochen hatte, wandte sich nun zu ihm zurück und fragte mit leiser, ein wenig heller und zugleich sehr wohlklingender Stimme, und er fragte es durchaus freundlich:

„Sag Er mir, Pursche: Warum lacht denn diese?"

Georg blieb nichts, als unschuldig mit den Achseln zu zucken. Das war nicht schlimm. Schlimmer war, daß Georg damit rechnete, Marie hätte gesehen, wie der Herr Oberbaudirektor vertraulich mit ihm gesprochen hatte.

So spielte Georg nun den Prinzen Eugen von Savoyen und ging zur direkten Attacke über, die spröde Festung im Sturm zu nehmen. Im Festtagsstaat betrat er das Haus des Zimmermanns und warb offen beim Vater um die Hand der Tochter. Der besah sich Georg von oben bis unten und sagte nur mitleidig: „Ein Maurer!"

Georg richtete sich zu ganzer Größe auf und sagte: „Keineswegs! Ein Architekt!"

Als Marie im Nebenzimmer diese Antwort hörte, fiel es ihr ein, wie sie den Kerl mit dem Oberbaudirektor kürzlich erst hatte durch die Stadt gehen und vertraulich reden sehen. „Ein Architekt ...", murmelte sie bei sich selbst, und plötzlich erschien ihr Georg viel weniger aufgeblasen, als er war.

„So, so, ein Architekt, sagt Er", hörte sie nebenan ihren Vater brummen.

Georg trat vertraulich zwei Schritte auf den Zimmermann zu und sagte: „Nun, wohl noch nicht so ganz, das mag wahr sein. Doch hat mich Balthasar Neumann selbst in die Lehre genommen, um aus mir etwas zu machen. Kürzlich ...“ — und Georg trat noch zwei Schritte näher — „... kürzlich flanierte ich mit ihm durch Würzburg, da wandte er sich mir zu und sagte vertraulich: ‚Sieh dich nur gut um, in dieser schönen Stadt wirst du noch manches bauen!‘“

*Das* also hatte der hohe Herr ihrem Georg zugeraunt — da freute sich Marie im Nebenzimmer. Und hatte tatsächlich schon von „ihrem“ Georg gedacht.

Schamlos, solche Verfremdung des Geschehenen! Doch die nackte Frechheit klingt meist überzeugender als die Wahrheit. Der Zimmermann, als er es recht bedachte, was er da eben gehört hatte, sah seinen Schwiegersohn schon beim Fürstbischof Friedrich Carl von Schönborn vertraulich ein- und ausgehen und ihm im Kabinett die allerschönsten Holzmodelle seiner neuesten Bauvorhaben präsentieren, die selbstverständlich er, der Zimmermann, für ihn hergestellt haben würde — wenngleich natürlich nicht für Gotteslohn, versteht sich.

„Hm, hm“, brummte er also anerkennend. Und Marie nebenan sah ihren Georg schon in Paradeuniform und mit

gepuderter Perücke versehen und sich selbst an seinem Arm, den Freundinnen ihrer Kindheit huldvoll und von recht weit oben herab gnädigst zunicken.

Doch stimmte auch, was dieser vorgab? Der Vater zögerte, doch nicht allzu lange, zu verlockend erschienen ihm die unverhofften Aussichten. Aber er verlor doch seine kluge Vorsicht nicht. Also sagte er zu Georg: „Wenn es sich so verhält, wird man Ihn wohl bald in Uniform sehen, zwar nicht gleich in jener des Obristen Neumann, aber wenigstens in der eines Fähnrichs der fürstlichen Leibkompagnie, in welcher doch auch jener einst seinen Weg nach oben begonnen hat ..."

Georg wußte, daß er schon lange das Glacis hinter sich gelassen und siegreich die Bastion erstürmt hatte, nun pflanzte er seine Siegesfahne auf und sagte vertraulich zum Zimmermann: „Man hat mich schon dazu gedrängt, fast wollte man mir die Uniform mit Gewalt überstreifen. Aber ich zögere noch. Vielleicht will ich noch erst zu dem Knobelsdorff nach Preußen ..."

Da hielt ihm der Zimmermann die Hand hin und sagte: „In dieser Hand liegt meine Tochter. Ergreife sie, mein Sohn, und sie ist dein. Wenn du mir eine schriftliche Empfehlung vom Neumann bringst, darin er dich zu seinem Assistenten erklärt, magst du den Tag der Hochzeit wählen. Und wenn ihr dann als Bräutigam und Braut in die Marienkirche zieht, werden selbst Adam und Eva auf ihren Postamenten fröhlich dazu Beifall nicken!"

Im Nebenzimmer Marie tat dieses jetzt schon.

Georg war es zufrieden. „So weit wird es schon nicht kommen müssen", dachte er bei sich, „wir wollen doch Adam und Eva nicht ohne Not bemühen ..."

So sah man fortan den Maurer Georg mit seiner Marie am Arm geckenhaft durch Würzburg stolzieren. Und kamen sie am Wirtshaus vorüber, wo die anderen Gesellen eifrig in ihrem Brevier blätterten, so zog Georg achtlos an ihnen vorüber, nur daß er ihnen einen Blick zuwarf, der wohl sagen sollte: „Na? Hab' ich es nicht gesagt?"

Auch sorgte Georg dafür, daß er sich, wenn es irgend einzurichten war, möglichst in der Nähe des fürstbischöflichen Oberbaudirektors aufhielt, ihm sein Päcklein trug, ihm ein vom Wind verwehtes Planpapier untertänigst zurückreichte, oder ihm mit tiefem Bückling um Erlaubnis ersuchend einen Staubfleck vom bunten Rock wischte. Und vor allem sorgte Georg, daß man seine Nähe zu dem großen Architekten nur ja bemerkte, wenn es irgend möglich war. So daß Mariens Backen vor Stolz und Eifer immer dicker und röter wurden.

Balthasar Neumann blieb dies Verhalten des Maurergesellen nicht verborgen. Er war ein freundlicher Herr. Aber eines Tages wurde es ihm doch zu bunt, als Georg ihm wieder einmal einen Staubfleck vom Rock bürstete. Da polterte er los: „Nun sag' Er mir doch einmal, Pursche, was zum Henker Er nur immerzu an mir herumzu ..." Neumann hatte sich dem Maurer zugewendet; dabei aber war sein Blick auf Marie und ihre leuchtenden Augen gefallen, auf Marie, in welcher der kluge Mann sogleich jene mit dem hellen Lachen und somit also die wahre Ursache der georgischen Reinigungsbemühen erkannte. So fing sich Balthasar Neumann und beendete seinen Satz mit „Ach, sag' er mir, Pursche, ist diese nicht jene, welche neulich so hellauf gelacht ... Ach verflixt, sag' er mir einfach nichts!" — und wandte sich gemütlich schmunzelnd wieder seinen oberbaudirektoralen Angelegenheiten zu.

Es war nicht lange nach diesem kleinen Ereignis, daß Georg und Marie am Abend wieder einmal durch die Stadt flanierten, da zog er sie plötzlich in einen kleinen Garten nahe des Neumünsters. Der Abend war warm und schön. Und niemand war im Garten zugegen. Sie schlenderten den Umgang entlang, da verhielt Georg plötzlich, ergriff Marie bei der Hand und sagte: „Marie ...".

Sie aber errötete, blickte zu Boden und hauchte: „Georg ...".

Nun fühlte er es in sich mächtig sieden und wallen, heiß stieg es ihm in alle Glieder; er ergriff die andere Hand Mariens, zog das Mädchen zu sich heran, umarmte sie und stöhnte: „Marie ...".

Sie wehrte sich mit jener kleinen Kraft, welche Erziehung und Anstand ihr leider nur mitgegeben hatten und säuselte: „Georg!"

Er aber erkannte ganz richtig den Widerstand seiner geringen Stärke wegen als Mahnung, in seinen Bemühungen nur ja nicht nachzulassen, küßte sie auf ihren schönen Mund; seine Hände griffen nach ihren Wangen, nach ihren Schultern, begannen zu wandern und dabei seufzte er: „Marie ..."

Sie hatte ihren Widerstand ohne große Anstrengung niedergerungen, gleichwohl mahnte sie plötzlich: „Georg! Wenn nun jemand kommt!"

Und so geschah es, daß man in jener Nacht unten am Main, dort, wo nur noch die Vögel singen und niemand sonst zugegen ist, zwei Menschen hätte sehen können, die glaubten, jener Gesang der Vögel gelte ihnen allein ...

Nur, daß es kein Bett aus Klee und Rosen war, eher ein solches aus stechendem Gras mit mancherlei Dornen. Denn Marie lag darin, weil sie sich sorgte, daß Georgs vermeintliche Größe an der Seite Balthasar Neumanns ihn womöglich anderwärts naschen ließe, wenn sie ihm allen Honig verwehrte. Und Georg hatte sich dort gebettet, weil er die Pfirsiche, die sie ihm alle Tage vor Augen führte, auch endlich einmal kosten wollte. Und außerdem mißgönnte er den Gesellen den Wein auf seine Kosten.

So sehen wir Georg auch schon wenig später im Wirtshaus sitzen, vor seinen Freunden das große Wort führen und hören ihn etwas faseln von Fesseln so schlank wie die eines Fohlens, von Schultern so rund wie ein Apfel und vom Wein, den sie sich auch künftig allesamt würden selbst bezahlen müssen.

Wenige Wochen später fragte ihn Marie, ob er nicht bald den Brief seines Gönners brachte, daß er endlich etwas darstellte, und sie in die Marienkirche ziehen könnten. „Gemach", antwortete Georg, „es fehlt nicht eben viel, doch aus einem braven Maurer ist nun einmal nicht im Handumdrehen ein Architekt gebacken!"

Nicht, daß Georg den Geschmack an Pfirsichen verloren hätte. Nur stand ihm der Sinn nicht nach der Marienkapelle. Er sah sich schon in weiter Welt und glaubte, daß dort so mancher Pfirsich noch seiner wartete. Und nicht, daß die Entdeckung des unbekannten Landes unten am Main ihn nicht gereizt hätte, noch manchen Erkundungsgang in dieselben Gefilde zu unternehmen. Nur ahnte Georg an fernen Ufern auch noch andere Länder, die ihrer Entdeckung harrten.

Marie drängte, Georg zögerte. Marie bat, Georg schob hinaus. Marie mahnte, Georg vertröstete. Und heimlich schnürte er seinen Ranzen.

„Bring' Er mir den Brief vom Neumann! Ich will die Hochzeitsglocken hören!" nötigte nun auch Mariens Vater. Da beschloß Georg, sich in der Nacht davonzustehlen. Doch kam es anders.

Denn weniges zuvor war der Fürstbischof Friedrich Carl von Schönborn gestorben. Und eben hatte Anselm Franz von Ingelheim den verwaisten Bischofsthron getröstet. Das aber erlaubte Georg, erhobenen Hauptes Würzburg zu verlassen.

„Neumann!“ hatte nämlich der neue Bischof getobt, „Neumann! Diese Schönbornkreatur! Dieser Hildebrandtverschnitt! Der saugt aus fürstbischöflichem Säckel die Taler wie die Kuh das Wasser aus dem Trog!“ Und mit einem Federstrich war der fürstbischöfliche Oberbaudirektor solches gewesen und somit entlassen, von einem Tag auf den anderen. Und der andere Tag war eben jener gewesen, an welchem Georg sich hatte nächtens davonstehlen wollen. Das mußte so nun nicht mehr sein, sagte sich Georg.

Am Morgen des folgenden Tages erschien Georg also mit Sack und Pack beim Zimmermann und seiner Marie. „Ich kann mein Wort nicht einlösen“, trompetete er keck, „Balthasar Neumann wird mir keinen Brief mehr geben. Er wird niemand mehr einen Brief geben. Er ist entlassen. Ich mach’ mich fort, ich gehe nach Berlin zu Knobelsdorff!“

Marie schlug die Hände vor den Mund und riß die Augen auf. Ihr Vater sagte: „Was schert uns noch der Brief! Wenn du nur Marie heiratest!“

Doch Georg sagte nur: „Ich bin ein Mann von Ehre. Ich kann mein Wort bei Euch nun nicht mehr einlösen. So gebe ich Marie wieder frei — und niemand schmerzt es mehr als mich. Doch *muß* ich es ja leider tun, um meiner Ehre willen. Adieu!“

Georg stolzierte davon. Marie stürzten die Tränen aus den Augen. Der Vater knirschte mit den Zähnen. Dann wandte er sich tröstend seiner Tochter zu: „Weine nicht, Marie. Dieser Schurke ist es nicht wert, daß du ihm deine Unschuld opferst!“ Da schrie sie jammernd auf und stürzte in ihre Kammer.

Mit der Liebe, sagten wir, verhält es sich wie mit Schloß und Schlüssel. Nur ist bisweilen das Schloß verrostet. Oder der Schlüssel verlegt, wenn nicht gar abgebrochen. Dann dauert es eine Weile, bis sich die verschlossene Tür öffnet. Gelegentlich paßt aber der Schlüssel gar nicht in das Schloß. Verhält es sich so bei Georg und Marie?

Nein. Nur wußte Georg dies noch nicht. Er zog keineswegs in Richtung Preußen. Sondern er machte Station in Schweinfurt. Da hörte er schon in der Ferne ein Geräusch, das er nicht kannte. Er wanderte nach Dettelbach. Da war das Geräusch schon lauter. Er zog nach Ochsenfurt. Von da an konnte er das Geräusch nicht mehr leugnen. Bald darauf finden wir Georg in Wertheim. Und hier gestand er sich ein, daß jenes nun schon unerträgliche Geräusch von Marie stammte. Sie saß in seinem Innern und summte und brummte darin und war von dort nicht zu entfernen. Anfangs hatte er mit seiner Keckheit jenes

Geräusch wie eine lästige Fliege fortwedeln wollen; es war ihm nicht gelungen. Dann hatte er sich geboten, nicht länger darauf zu hören. Es hatte nichts genützt.

„Ach!“ rief er aus, dachte an Schweinfurt, Dettelbach, Ochsenfurt und Wertheim, und daß er somit von Würzburg sich nicht entfernt, sondern nur einen großen Kreis um die Stadt geschlagen hatte. Da ergab er sich.

Wenig später klopfte es in Würzburg an die Tür des Zimmermanns. Es war Marie, die öffnete. Georg schloß die Augen und öffnete die Arme weit. Seine Arme blieben leer. Er öffnete die Augen und blickte verwundert. Seine Blicke trafen eine Furie.

„Marie, ich bin zurück ...“ stammelte er.

„So? Und?“

„Marie, laß uns zur Marienkapelle gehen!“

„Uns? Hast du ‚uns‘ gesagt? Wer bist du denn, daß du hier wagst, dies Wörtlein ‚uns‘ noch in dein dreckiges Maul zu nehmen?“

In der Tat hatte sich Georg den Empfang ganz anders gedacht. Noch immer war er nämlich ein eitler Geck; Frau Liebe hatte ihn noch nicht in ihre Zucht genommen.

„Marie, ich bin’s doch, Georg!“ lautete die klägliche Antwort.

„Ach richtig, der Georg!“ höhnte sie, „Hast du nicht einen Brief für mich? Vom Neumann?“

„Aber der Neumann ist nicht mehr der Neumann, der er war! Und dein Vater sagte, auch ohne Neumann kann die Hochzeit ...“

„Dann heirate doch meinen Vater!“ — schrill klang es, und ihm schlug die Tür vor der Nase zu.

Da reckte sich ein letztes Mal der Stolz in Georg zu seiner ganzen jämmerlichen Größe auf. „Dann eben nicht!" schrie er, schlug zum Abschied wütend mit der Faust gegen die Tür und zog davon. Er kam nur bis Karlstadt, dann kehrte er zurück.

Georg verfiel. In Würzburg ohne Balthasar Neumann gab es ungleich weniger zu bauen als zuvor. Georg darbte. Am Wein hieß es nun sparen, schlimm genug. Noch schlimmer: Georg verfiel nämlich vor allem aus Liebe. Der blaue Himmel erschien ihm blaß, und das Herz brannte ihm allezeit wie Feuer. Selbst die Worte gingen ihm aus. Und die fröhlichen Gesellen mußten ihre Andacht nun alleine halten. „Dem Georg hat die Marie ins Hirn gespuckt", sagten sie schadenfroh und tranken sich nach Kräften zu.

Wer wollte solche Schadenfreude wohl nicht teilen! Wenn so ein aufgeblasener und frecher Wicht sich selbst ein Bein gestellt hat und der Länge nach am Boden liegt, wer würde da sich nicht die Hände reiben! Allein: Mit jeder Woche, die ins Land ging, sank Georg mehr in sich zusammen. Sein Gesicht verlor alle Farbe, er schlich nur mehr, wo er sonst gehüpft wäre. Und jede Nacht träumte er von Fohlenfesseln und Apfelschultern und wachte seufzend auf.

Abende lang stand er vor ihrer Tür. Doch trat sie heraus, übersah sie ihn. Vorsichtig trat er ihr manchmal an den Weg. Sie ging stolzen Schrittes an ihm vorbei, als wäre er Luft. Einmal gar, als sie an ihm derart vorüberging, hörte er sie zu ihrer Begleiterin so laut sagen, daß er es auch gar nicht überhören konnte: „Daß heutzutage soviel Lumpenpack die Stadt verunreinigt!"

Und wenn er es gar wagte, sie am Wege einmal leise und sehnsuchtsvoll anzurufen: „Marie ...", so schwieg sie ihm zur Antwort so hart sie konnte, oder sie sagte mit spitzer

Stimme: „Habt Ihr nicht einen Brief vom Neumann, hoher Herr?“

So ging es wohl ein Jahr, bald zwei; Frau Liebe lehrte ihn ihr Einmaleins. Und Georg war nun, man kann es anders nicht sagen, ein schöner Mann geworden, das Leid hatte seine anmaßenden Züge veredelt. Noch immer stand er abends oft vor ihrem Fenster. Noch immer ließ er sich von ihr übersehen, wenn er dafür nur einen Blick auf sie werfen durfte. Und den Spott seiner Gesellen ertrug er, als wäre er ihm vom Priester als Buße auferlegt.

Wenn man eben noch die Hände über Georgs Fall rieb, müßte man nun ein Herz aus Stein haben, wenn einen Georgs Jammer nicht anrührte. Wenn man denn in dem jetzigen Georg jenen von einst überhaupt noch wiedererkennt. „Was hängt Er sich denn derart an das Weib?“ wollte man ihm zurufen, wenn man nicht wüßte, daß Bänder solcher Art, wie sie Georg nun an Würzburg ketteten, von keinen Zurufen der Welt gelöst werden könnten, und wären sie noch so gut gemeint.

Sie wäre nicht Frau Liebe, wenn sie mit solchem Leid schließlich kein Erbarmen hätte. Es war schon manchmal in den letzten Wochen geschehen, daß Marie heimlich einen Blick zu ihm hinüber geworfen hatte, ohne daß er es bemerken konnte. Nicht, daß ihre Verachtung nicht länger Geltung hätte. Aber man wird doch mal einen Blick werfen dürfen.

Was sie sah, wir sagten es, war nicht mehr dasselbe wie vordem. So wurde nun auch der Bogen, den sie um ihn schlug, etwas weniger weit.

Eines Abends, als Marie schon zu Bette lag, überraschte sie sich dabei, wie sie dachte: „Seltsam! Es bereitet mir keine rechte Freude mehr, den Gesellen, wenn sie im Wirtshaus beim Weine sitzen und mir nachrufen, eine schnippische Antwort zurückzuwerfen, daß sie sich an ihrem Wein verschlucken! Sonderbar! Es macht mir keine Freude mehr, mich an den schönen Augen zu ergötzen, die mir so mancher zuwirft, und es ist mir gleich, wenn sie sich deshalb denken: ‚Ach, die Marie ist auch nicht mehr, was sie mal war!' Eigentümlich!" Und schlief darüber ein.

Bald indessen konnte sie nachts nicht mehr schlafen. Der fruchtbare Regen des Jammers vor ihrer Tür hatte endlich eine schöne Blüte aus ihrem dürren Herzen getrieben. Sie warf ihm keine bösen Blicke mehr zu. Sie ging ihm nicht mehr aus dem Weg. Sie verlachte oder verhöhnte ihn nicht länger. Zwar sprach sie nicht mit ihm. Allerdings muß man dazu sagen: Noch nicht.

Doch sprach nun auch Georg sie nicht mehr an. Sie hörte kein leises und sehnsuchtsvolles „Marie …" mehr am Wege. Er stand nur von ferne und sah sie an, wenn sich ihm die Möglichkeit bot. Dünn war er geworden, fast ein Asket, und seine Züge verrieten Ergebung, Demut und jüngst auch: tiefe Einsicht. Und was sie ihm schließlich aus der Ferne schon ansah, war eine entsagende Feierlichkeit.

Sie runzelte die Stirn. Wiederum erschien er ihr nun also verändert. Fast ehrfürchtig wirkte sein Blick, wenn er auf ihr ruhte. Was ging nur in ihm vor? Es begann sie zu ängstigen. Als sie ihn auf der Gasse wieder sah, nickte sie ihm leicht, kaum merklich zu. Er sah es, seine Augen weiteten sich freudig, dann aber schlug er die Hände vors Gesicht und lief davon.

Fortan war er verschwunden. Und er blieb auch verschwunden. Das stach tief in Mariens Herz. Ihr Vater sagte: „Du bist blaß, Marie!" Da floh sie in ihre Kammer.

Bald ertrug sie es nicht länger. Sie fragte die Gesellen vor dem Wirtshaus nach Georg. Sie wollten schon eine dreiste Antwort geben, da winkte der Älteste die anderen zu schweigen. Er hatte nämlich Mariens Augen gesehen, wie sie feucht glänzten und ängstlich schauten. Er trat zu ihr und fragte leise: „Du suchst ihn? Du? Ihn?"

Sie nickte nur still und sah beschämt zu Boden. Da sagte der Geselle: „Er sitzt im Lusamgärtlein und nimmt Abschied. Er will fort. Und diesmal kehrt er gewiß nicht mehr zurück."

Marie sah ihn mit großen Augen an, verstand, raffte die Röcke und lief bis zum Neumünster. Im Gärtlein sah sie ihn sitzen, und er hielt seinen Kopf in den Händen verborgen. Sie trat hinter ihn:

„Georg", sagte sie leise, „ich will keinen Brief vom Neumann. Ich will nur dich!"

Erschreckt fuhr er auf. Er sah sie, wich zurück und sagte traurig: „Es ist der Leichtsinn. Es ist der lose Mund. Es ist die Gier. Es ist der Hochmut. Es ist die Großsprecherei. Dies alles trug ich, wie ein Gewand über dem anderen, das eine schlimmer und gemeiner als das andere. Ich bin deiner nicht wert, Marie. Nun streife ich all diese Gewänder ab für eine grobe Kutte. Marie, ich werde ein Mönch."

Fassungslos starrte sie ihm ins Gesicht. Der Schrecken nahm ihr den Atem. Sie wollte sich in seine Arme werfen, er drängte sie zurück: „Versündige dich nicht." rief er mit irrem Blick, „wirf dich nicht weg!", dann floh er hinaus.

Jedenfalls *wollte* er fliehen. Doch blieb er sogleich an einer Lindenwurzel hängen, die sich in seinen Weg gedrängt hatte, daß er stürzte; er raffte sich wieder auf, fiel im Übereifer seines Fliehens noch über eine zweite Wurzel derselben Linde — oder stellte ihm diese gar ein Bein? Dann endlich stolperte er davon und warf einen letzten, verzweifelten Blick auf Marie.

Draußen auf der Gasse rannte er in seinem blinden Fluchteifer einen Mann beinahe um. Wäre Georg nicht über die Lindenwurzel gestürzt, der Mann wäre noch einige Schritte zurück gewesen, und Georg hätte ihn nicht behelligt. So aber rannte er den Mann fast über den Haufen. Und dieser schimpfte lauthals los: „Ei verflucht, sag' Er mir doch, Pursche, was rennt Er denn da, als wäre der leibhaftige Gottseibeiuns hinter ... nein, sag' Er mir lieber, kenne ich ihn denn nicht? Ist Er nicht jener ... Nur sag' Er mir doch: Er sieht ja jetzt ganz anders ..."

Da eben fiel der Blick jenes Mannes auf das Mädchen hinten im Garten, das seine Hände vor den Mund preßte und Georg mit roten Augen bitterlich nachweinte, und der Mann fing sich sogleich und fuhr fort: „Ach was, sag Er am besten gar nichts, komm' Er einfach hinter mir her, so wie Er aussieht, kann Er eine Stärkung wohl vertragen!"

Mit der Liebe verhält es sich wie mit Schloß und Schlüssel. Nur ist bisweilen das Schloß verrostet. Oder der Schlüssel verlegt, wenn nicht gar abgebrochen. Dann dauert es eine Weile, bis sich die verschlossene Tür öffnet. Doch ein erfahrener Schlossermeister vermag Wunder zu wirken.

Der Eifer um sein Haus hatte Bischof Anselm Franz von Ingelheim ins Grab gebracht. Georg hatte davon wenig erfahren, andere Sorgen hatten ihn geplagt. Carl Philipp von Greiffenclau erfreute sich nun des fürstbischöflichen Sitzes. Der hatte den Finger an seinen Mund gelegt und gesagt: „Ei was, sind wir nun Bischof, so wollen wir auch etwas davon haben. Ruft uns den Neumann, daß er nur ja die Residenz uns eilig fertig baue. Da wird man Augen machen in ganz Deutschland!" Und wieder währte es nur einen Federstrich lang, und von einem Tag auf den anderen war Balthasar Neumann wieder fürstbischöflicher Oberbaudirektor. Und dieser andere Tag war just, als Georg von Marien fort und sich ins Unglück stürzen wollte.

Die Nacht war lang, und Neumann hörte einem Manne zu, der wohl ein guter Maurer, nun aber auch ein rechter, anständiger Kerl geworden war.

Am nächsten Morgen, kaum daß die Hähne die Stadt wach krähten, klopfte es an die Tür des Zimmermanns. Dem Zimmermann, der öffnete, wies Georg stolz ein dickes Pergament vor mit vielen geschriebenen Worten darauf und einer kunstreichen Unterschrift. Und an dem Papier hing ein dickes rotes Siegel.

„Ich kann nicht lesen", stotterte der arme Vater.

„Ich auch nicht", sagte Georg, „aber es steht alles wie versprochen darin verzeichnet. Und dies hier, seht: Das heißt ‚Balthasar Neumann'", und Georg wies mit einem Finger auf eine Stelle unten auf dem Pergament, von der er glaubte, daß es die rechte war.

Aus einiger Entfernung schaute ein Mann der Szene zu. Ein weiter Umhang verbarg ihn, und unter einem prächtigen Hut sah man eine weiß gepuderte, sorgfältig gekräuselte Perücke, wie die Herren sie in jenen Zeiten zu tragen pflegten. Er sah, wie man Georg einließ und wie die Tür hinter ihm ins Schloß fiel. Und als er den hellen, entzückten Schrei des Mädchens vernahm, die dem jungen Manne an die Brust flog, ja: Da sah er gerade so gütig und zugleich listig, so zufrieden und zugleich versonnen drein wie auf dem Geldschein, der ihn heute zeigt.

# unter der linde

„Na ja“, sagte Clemens, „aber wenigstens war diese Geschichte unterhaltsam. Und sie hatte einen guten Schluß.“

„Ich weiß“, antwortete der Schatten, „auf Unterhaltung sind Sie ja aus!“

„Fangen Sie schon wieder mit der Kellnerin an?“

Der Schatten schwieg.

Die so entstandene Stille bietet mir die Gelegenheit, den Leser zu warnen. Er glaubt wohl, er habe es hier mit einer etwas merkwürdigen, aber doch recht unglaubwürdigen Geschichte zu tun. Denn machen wir uns nichts vor: Gemeinsam ahnen wir mittlerweile, was es mit jenem Schatten auf sich hat, daß sich hier nämlich jener Minnesänger noch einmal aus seinem Grab erhoben hat, daß er nur ja sein altes Garn noch einmal spinnen und die Fäden verschiedener Liebesgeschichten abrollen lassen kann.

Aber ich versichere: Das ist Unsinn. Walther von der Vogelweide geistert nicht nachts durch das Lusamgärtlein. Wer solches glaubt, ist in unserer Zeit ein wenig deplaziert.

Gleichwohl ist es auch ein Problem unserer Zeit, daß man sich nur allzu gern an dunkle Schattengestalten und abenteuerlichen Spuk hält, als Marmelade für das trockene Lebensbrot sozusagen. Deshalb meine Warnung: Besser als gebannt auf die angebliche Ungeheuerlichkeit zu starren, daß einer einen tausendjährigen Toten auferstehen läßt, wäre es, sein Augenmerk auf einen ganz anderen zu richten: auf Clemens nämlich.

Und was macht Clemens? Er sitzt sinnend da. Der Schatten indessen blickt erst besorgt zum dunklen Nachthimmel und dann zu Clemens hinüber.

„Das mit der Kellnerin …" begann er, aber Clemens fiel ihm ins Wort:

„Ach, hören Sie doch auf!"

„Aber das mit Ihrer Geliebten …"

„Ach, lassen Sie mich in Ruhe!"

„Und wenn nun Ihre Frau …"

„Schluß!" brüllte Clemens.

Der Schatten war während der Stille und des letzten Wortwechsels ein wenig im Garten auf und ab gegangen. Nun blieb er stehen, griff an den Stamm der Linde, wie um sich daran zu halten, denn er begann vor Wut zu zittern, wendete sich dann heftig Clemens zu, daß der lange Mantel flog, und brüllte seinerseits: „Ja, machen wir Schluß!"

Ein Fenster öffnete sich in einem nahen Haus, und eine Stimme schrie in das Gärtlein hinunter: „Jawohl, macht endlich Schluß da unten!"

Clemens stand entschlossen auf, warf dem Schatten einen finsteren Blick zu und sagte: „Leben Sie wohl!"

Dann strebte Clemens an dem Schatten vorbei dem Ausgang zu; der Schatten aber zischte ihm zu: „Hau ab! Hau endlich, endlich ab!"

Clemens blieb wie angenagelt stehen. Er starrte dem Schatten dorthin, wo er das Gesicht vermutete. Dann ging er grimmig fort. Das Lusamgärtlein war leer.

Man wird einwenden: „Wieso leer, der Schatten war doch dort!"

Und ich werde antworten: „Nanu — man glaubt mir also doch?"

Nun runzelt man wohl die Stirn, doch halt: Da kehrt Clemens eben in den Garten zurück. Der Schatten steht an einem der romanischen Pfeiler, kaum von diesem zu unterscheiden, doch Clemens steuert direkt auf ihn zu: „Was wollen Sie eigentlich wirklich?"

Der Schatten antwortet: „Sie werden es wissen, wenn Sie meiner letzten Geschichte zuhören. Aber dazu gehört Mut. Haben Sie den?"

„Ich weiß nicht", sagte Clemens ahnungsvoll, „aber vielleicht sollte ich mir den Mut endlich einmal nehmen ... Ist es denn eine Schauergeschichte?"

„Wie man's nimmt", antwortete der Schatten, „ich finde, schon!"

Clemens rang sich durch: „Erzählen Sie!"

Drüben, am andern Mainufer Würzburgs, liegt erhöht die Marienfeste, einstiger Bischofssitz, im Bauernkrieg umkämpfte Burg, immer wieder umgebautes und erweitertes Bollwerk. Doch weil es gar so schön aussieht, die Touristen erfreut und einiges hermacht, läßt die Stadt Würzburg die Festung des Nachts von unten her bestrahlen und erleuchten, so daß sie hell erglänzt, dort drüben auf ihrem Berg.

Doch ist man auch sparsam im Würzburg. So löscht man das Licht um vierundzwanzig Uhr zur Mitternacht. Dann ist es plötzlich, als hätte die Dunkelheit die Festung verschluckt. Böse Zungen behaupten, die Stadtväter ließen sie im Schutze dieser Dunkelheit Nacht für Nacht rasch in die amerikanischen Vereinigten Staaten oder nach Japan verbringen, wo man sie den dortigen Romantikern für Stunden verpachtet, bevor sie dann bei Hellwerden auf ihren angestammten Platz zurückkehrt. Aber das wird wohl nicht ganz stimmen. Denn daß Stadtväter auf derart gute Ideen verfallen, halte ich nun für ganz und gar unmöglich.

So kam es also, daß kurz vor Morgengrauen der Schatten im Lusamgärtlein begann, Clemens jene Geschichte zu erzählen, wie es nämlich kam, daß einmal die Marienfeste eine Stunde länger erleuchtet wurde als üblich, nämlich bis um ein Uhr in der Frühe.

## herbstzeitlose

frou werlt, ich hân ze vil gesogen,
ich will entwonnen, des ist zît!

„Solche Musik?“

„Ja, solche Musik!“

Derart antwortete Anna, Verkäuferin in einer kleinen Boutique der Würzburger Innenstadt, ihrer Chefin, einer eleganten und schon etwas älteren Dame. Seitdem ging es aufwärts mit dem Geschäft.

Anna konnte mit ihrem Mund mehr als nur lächeln; Anna verkaufte die Ware mit Freundlichkeit und Geschick; Anna wußte eben auch, welche Musik in einem Geschäft, das auf überwiegend jugendliche Kundinnen zielte, den Hintergrund zu malen hatte; Anna wußte auch sonst, was unter den jungen Leuten galt, und war am Wochenende gerne mit Freundinnen unterwegs. Und auch mit Freunden.

Anna war zweiundzwanzig Jahre alt, hätte jeder Frauen- aber auch jeder Drogeriezeitschrift für ein Titelblatt genügt, wußte dieses, genoß aber nicht nur deshalb ihr Leben und machte sich ihrer Zukunft wegen wenig Sorgen. Anna war „typisch“, sie hätte für ein Denkmal mit der Unterschrift „die heutige Jugend“ ohne weiteres Modell stehen können.

Anna war also ichbezogen, lustbetont, eventhungrig und immer auf der Suche nach dem Kick im Mainstream? Ja, das war sie. Nur wird man es ihr kaum vorwerfen können, denn auch in früheren Zeiten war kaum jemand besser. Die Worte ändern sich; der „Mainstream" wandelt sich, der Mensch jedoch ist ziemlich beharrlich. Dann wurde Anna übrigens geweckt. Es war ihr ernst gewesen. Nicht von Anfang an, später schon.

Ein Mann betrat die Boutique auf der Suche nach einem Geschenk für seine Frau, ein Mann, durchschnittlich in gedeckten Farben gekleidet, ordentlich-unscheinbar, eilig, an die vierzig Jahre alt, aber Jugend demonstrierend durch einen Rucksack statt einer Aktentasche oder gar eines Bankerkoffers.

„Ein Angestellter", dachte Anna, „wahrscheinlich bei der Stadt. Könnte aber auch ein Lehrer sein."

Sie hätte nicht zu sagen gewußt, was er gekauft hatte. Sie hätte ihn ohnehin vergessen, kaum daß er zur Tür hinaus war. Aber er hielt sein Bild lebendig, denn er kehrte zwei Stunden später zurück, übergab ihr einen Schein und sagte: „Sie haben mir einen Neumann zuviel herausgegeben."

Sie hatte nicht gewußt, warum er den Schein derart benannte, auch war sie dessen sicher, sich beim Wechselgeld nicht versehen zu haben, wie sie gemeinsam mit ihrer Chefin beim Tagesabschluß leicht feststellen konnte. Anna runzelte die Stirn, aber die Chefin sagte leichthin: „Der läßt sich seine Bewunderung aber was kosten. Anna, ich fürchte, du hast schon wieder ein Herz gebrochen!"

Die Dame befand sich im Unrecht. Der Geldschein hatte tatsächlich überzählig im Portemonnaie des Mannes gelegen. Irgend jemand mußte ihm zuviel Geld herausgegeben haben, so hatte er gedacht, und dann gemeint, es wäre in der Boutique gewesen. Also hatte er den Schein zurückgebracht. Erst später hatte er sich erinnert, daß er diesen Geldschein für eine kleine Anschaffung reserviert hatte, die zu besorgen er aber vollständig vergessen hatte, eine ärgerliche Sache. Doch von alledem erfuhr Anna erst später. Zunächst glaubte sie ihrer Chefin. Denn jeder liebt die bunte Tapete mehr als die nackte Wand.

Erst spät am Abend fragte sich Anna, ob es wohl möglich war, daß ein Mensch, und wäre es selbst ein Mann, fünfzig Mark für den kurzen bewundernden Anblick einer Verkäuferin ausgab, den er doch auch umsonst hätte haben können, ohne sich allzuviel Ausreden dafür einfallen lassen zu müssen.

Am Freitag nach Geschäftsschluß strebte Anna der Alten Mainbrücke zu, schaute hierhin und dorthin, besah die Schaufenster und beschnupperte derart das hereinbrechende Wochenende, da tönte es neben ihr: „Haben Sie denn mit den fünfzig Mark wenigstens etwas Schönes anfangen können?"

Unterdessen war sich also der fremde Mann selbst auf seine Irrtumsschliche gekommen und wußte, daß sein Schein bei der Abrechnung herrenlos in der Kasse gelegen haben mußte.

Anna erkannte den seltsamen Kunden sogleich, erinnerte sich dessen, was ihre Chefin gesagt hatte, und war für einen Augenblick sprachlos, dann aber antwortete sie, ohne ihn weiter anzusehen: „Na, Sie lassen sich Ihre Masche ja einiges kosten. Haben Sie geerbt?" und wollte weitergehen.

Dem Mann, sich keiner Masche bewußt, fiel nichts anderes zu sagen ein als: „Ja. Stricknadeln!" Damit aber hatte er zur eigenen Überraschung als Masche anerkannt, was doch keine gewesen war.

„Na, Luftmaschen können Sie ja schon!“ sagte Anna.

Hatte sich der Mann über seine erste Antwort schon gewundert, setzte ihn seine zweite noch mehr in Erstaunen: „Ja, und ich würde noch dazu Luft*sprünge* machen, wenn sie sich für den Neumann wenigstens mit einem Kaffee in einem Café bedanken!“

Jetzt blieb Anna stehen, wandte sich dem Aufdringling zu und stemmte die Händen in die Hüften: „Nun reicht’s aber! Lassen Sie mich in Ruhe! Holen Sie sich Ihren Schein im Laden ab!“

Erst am späten Abend erinnerte sich Anna des seltsamen Erlebnisses. Sie wollte es abschütteln, aber es gelang ihr nicht. Warum nicht? Plötzlich fiel es

ihr ein: Trotz der frechen Zudringlichkeit seiner Worte hatte der Mann verlegen ausgesehen. Sein Gesichtsausdruck hatte nicht zu der großsprecherischen Haltung gepaßt, die er sich übergestreift hatte; für die große Geste waren gewissermaßen seine Arme zu kurz gewesen. Der Mann hatte gewirkt wie ein Gewichtheber, der vor dem Publikum mit seinem Rekordversuch großtat, von dem er aber genau wußte, daß er ihn niemals bewältigen würde. Die ganze Dümmlichkeit jenes Wortwechsels wurde ihr klar. Anna schüttelte den Kopf, dann schlief sie ein.

Der Vorfall war während des Wochenendes bescheiden in den Hintergrund getreten, den er erst am Montag wieder verließ. Denn nach Geschäftsschluß stolperte Anna gleichsam erneut über denselben Mann, der mit rotem Gesicht hilflos stammelnd eilig versicherte: „Ich bitte Sie, das ist jetzt aber wirklich keine Masche, sondern ein Zufall, ehrlich!“

Anna sah sein verlegenes Gesicht und lachte. Sie glaubte ihm: „Dann sollen Sie zur Belohnung wenigstens Ihren Kaffee bekommen“, sagte sie.

„Na, ich weiß nicht“, sagte der Mann zögerlich.

Aber wenig später saßen beide nahe des Vierröhrenbrunnens im Sternbäck, dessen Bedienung übrigens in Annas Alter und zudem mit ihr befreundet war.

Nun, gerade dies letzte Zusammentreffen war indessen *kein* Zufall gewesen, sondern viel eher eine „Masche“, als jene, die Anna für eine solche gehalten hatte. Denn: Kaum hatte sie ihm diese vor wenigen Tagen unterstellt, hatte er plötzlich und zu seiner eigenen Überraschung reagiert, als wäre es tatsächlich eine „Masche“ gewesen, „... ich hörte mich reden, und dachte, das könnte unmöglich ich sein“, gestand er ihr später.

Das Wochenende hatte ihn sodann immer wieder an jene Worte denken lassen, die er sich selbst nie zugetraut hatte. Und als er endlich ahnte, woher sie gekommen waren, hatte er Anna am Montag abgepaßt. Was hatte er sich nicht alles zurecht gelegt, ihr zu sagen, wenn er auf sie träfe; er, der doch nun offenkundig Worte fand, die er früher nicht einmal zu suchen gewagt hätte! Aber mehr als jenen unbeholfenen, noch dazu gelogenen Hinweis auf den Zufall hatte er schließlich nicht zustande gebracht.

Anna dagegen fragte sich, was um alles in der Welt sie zu ihrer Antwort und dem gemeinsamen Kaffeetrinken verleitet hatte. Als sie die Antwort wußte, war es zu spät.

Anna fragte bald darauf ihren Bruder, wie es kommt, daß man die Dinge erst durchschaut, wenn sie nicht mehr zu ändern sind.

Mit ihrem Bruder besprach Anna sich gern, vor allem, wenn es sich um Dinge handelte, die man ansonsten nur mit sich selbst abmacht. Annas Bruder wohnte weit entfernt, nur selten kam er nach Würzburg, dann meist am späten Abend und nur für wenige Stunden. Sie pflegten einander im Lusamgärtlein zu treffen, weil nirgends sonst als eben dort sich die Blumen besser pflegen lassen, die das Leben einem zerzaust hat, wie ihr Bruder es ausdrückte.

Doch diesmal wußte auch dieser keine rechte Antwort. Er brachte kaum mehr heraus als: „Nun, die Geschichten dieser Welt sind manchmal eben sonderbar, vor allem an ihrem Beginn; sie treiben allerhand Allotria, mischen Mißverständnisse unter, würzen mit dummen Zufällen, daß der Mensch sich nur ja in ihren Maschen verfängt, ohne gefragt worden zu sein. So ist es zweifelhaft, wie frei der Mensch in Wahrheit ist — zu tun, was er will und zu lassen, was ihm schadet, und noch mehr fraglich ist es, wer die Lebensfäden letztlich in der Hand hält: der Mensch selbst oder ...". Das alles sagte er ein wenig versonnen, als erinnerte er sich eigener Geschichten.

Anna und ihre neue Bekanntschaft waren also in den Maschen des Netzes hängen geblieben, das eine seltsame Geschichte über sie geworfen hatte. Sie verabredeten sich, trafen sich wieder, ohne noch länger den Zufall zu bemühen. Es verging nicht allzu viel Zeit, und sie sahen sich mehrmals in der Woche, niemals jedoch am Wochenende. Sie gingen spazieren, unterhielten sich, tranken Kaffee und vielleicht einen Schoppen Wein, dann trennten sie sich wieder. Man ging schließlich auch zum vertraulichen Du über.

„Sag' mal", lachte Anna einmal bei einer solchen Gelegenheit, „wir reden über dies und über das, aber ich weiß im Grunde nichts von dir, außer daß du bei der Stadt arbeitest."

Der Mann wand sich ein wenig, aber diesmal drang sie in ihn.

„Nun ja, ich bin ..., na, sagen wir mal: Ich bin gewissermaßen Elektriker."

„Bist du es wirklich oder wirklich nur gewissermaßen?“

„Nein, schon wirklich. Aber ich arbeite nicht eigentlich als Elektriker, das heißt doch, schon ...“

Es stellte sich heraus, daß der Mann für die Stadtbeleuchtung zuständig war, allerdings nicht für jede einzelne Peitschenlampe an der Straße, sondern vorzugsweise für die touristische Beleuchtung ...

„Ach, wenn nachts die Festung erleuchtet wird, bist du das?“

„Also ... gewissermaßen ... nun: Ja!“

„Und warum sagst du das nicht einfach?“

„Ich weiß nicht ...“. Sonst wußte der Mann darauf keine Antwort.

„Ich weiß nicht ...“ Diesen Satz hörte Anna sehr häufig, immer mit einem wehmütigen Unterton, der ihr seine Unsicherheit verriet, der ihn aber auch liebenswert machte, wie sie fand.

So ging es einige Wochen. Nichts geschah; sie trafen sich, spazierten plaudernd durch Würzburg, tranken Kaffe oder Wein, unterhielten sich — und verabredeten sich am Ende für das nächste Mal.

Änderte sich äußerlich also wenig, so verbarg sich darunter doch eine Annäherung, die beide natürlich ahnten, die sie aber mit keinem Wort ansprachen, so, als würde die Benennung sie zerstören. Dies vorsichtige Verhalten ähnelte dem eines Gärtners, der ja gleichfalls die Frucht nicht vor der Zeit pflückt — um sie nicht zu verderben. Nur tat ein Gärtner dies aus Kenntnis, sie aber handelten unwillkürlich und nur halb bewußt. Am Ende war es eigentlich schon so, daß ihre Begegnungen zwei Stockwerke besassen: jenes schmale obere, in welchem sie behaglich und unbefangen nebeneinander saßen und harmlos in ihren Tassen rührten, und jenes tiefe untere, im welchem schon die Möbel für einen baldigen Einzug gerückt wurden.

Der Wechsel der Stockwerke ereignete sich, als sie eben eine ihrer Begegnungen beendeten und sich für eine neue verabredet hatten. Nun wäre es an der Reihe gewesen, sich die Hände zu reichen und sich, wie üblich, zu verabschieden. Das taten sie auch. Aber sie bemerkten beide und wohl auch im selben Atemzug, daß niemand sonst sich in der Straße befand, die ein wenig abseits der Innenstadt lag; aber just in einem solchen Gäßchen promenierten beide wohl kaum aus Zufall. So ließen sie, anders als sonst, beim Abschied die Hände einfach nicht wieder los, ohne daß

einer hätte sagen können, wer damit angefangen hatte. Es folgte ein Kuß, eine leichte Umarmung, dann liefen sie wortlos beide davon. Wortlos? Nein, das sollte man nicht sagen. Nur sprachlos.

Es traf sich, daß Anna sich am selben Abend mit ihrem Bruder traf. Wie üblich saßen sie im Lusamgärtlein beisammen. Anna hatte niemandem sonst von ihrer neuen Bekanntschaft erzählt. Ihrem Bruder aber wagte sie sogar, von der Umarmung und dem Kuß zu reden.

„Und?" fragte er.

„Er ist doch verheiratet!" antwortete Anna.

Der Bruder sog scharf die Luft ein. Nach einiger Zeit fragte er: „Dringen denn Blumen aus dem Gras? Singen die Vögel so schön wie nie? Ist es ein halbes Himmelreich?"

Sie war seine Sprache gewöhnt und nickte.

„Seltsam", sagte ihr Bruder, „ein Gewissermaßen-Elektriker, der aussieht wie ein Lehrer ..." Und nach einer Weile: „Vergiß nicht das Maß!"

Anna und jener so gescholtene Mann trafen einander nicht mehr auf der Straße. Sie gingen in Annas kleine Wohnung in der Sanderau.

Und Annas Bruder fragte: „Und das Bett — es riecht nach Klee und Rosen?"

Anna weinte, während sie nickte.

Später wunderten sich beide, Anna und der fremde Mann, daß sie in den Wochen, während derer sie sich öffentlich getroffen hatten, durch die Straßen flaniert waren und in Cafés gesessen hatten, kaum einem Bekannten oder einer Freundin begegnet waren. Allerdings wäre das ja für Anna nicht weiter schlimm gewesen. Was hingegen der Mann in einem solchen Falle seiner Frau erzählt hätte, überhaupt: womit er seiner Frau seine doch zunehmende Abwesenheit erklärte, das überlassen wir ihm selbst. Derlei Dinge sind nichts für die Allgemeinheit. Auch wollen wir schweigend über die Wochen und Monate hinweggehen, die folgten. Denn sie gehen uns nichts an.

Wir setzen wieder ein, als Anna im Lusamgärtlein zu ihrem Bruder sagte: „Walther, so geht es nicht!"

„Ist der Klee schon getrocknet? Sind die Rosen so schnell verblüht? Schweigt der Gesang der Vögel?"

„Rede keinen Unsinn. Es geht nur einfach nicht so weiter!"

„Was?"

„Na, das!"

„Du meinst: ‚das'?

„Ja."

„Daß er mit zwei Löffeln ißt?"

„Walther!"

„Dann sag' ihm, daß er sich für einen entscheiden soll!"

„Habe ich."

„Und?"

„Er sagt: ‚Ich weiß nicht'."

„Liebt er dich?"

„Ich weiß nicht".

Und nach einer Weile: „Was soll ich tun?"

„Ich weiß nicht“, sagte der Bruder.

Es schwieg.

Dann sagte der Bruder: „Doch, ich weiß. Er muß sich entscheiden. Er muß über diese Hürde springen. Nur — er ist ein Gewissermaßen-Elektriker, der aussieht wie ein Lehrer. Er kann daher nicht springen. Also muß er es üben.“

Anna sah ihren Bruder zweifelnd an, wobei nicht zu erkennen war, woran sie zweifelte: an ihrem Bruder oder an dem, was er sagte.

„Frag’ ihn, ob er dich liebt.“

„Hm?“ fragte Anna verständnislos.

„Er wird Ja sagen.“

„Ja.“

„Dann bitte ihn, er möge als Zeichen seiner Liebe, weil du es dir von Kindheit an erträumt hast, oder was auch immer dir einfällt; er möge also die Festung eine Stunde länger erleuchten als üblich — nur für dich. Wagt er es, traue ich ihm bald auch höheres Springen durchaus zu.“

„Was ist üblich?“

„12 Uhr nachts“

„Du spinnst!“

„Nein, das ist wahr!“

„Ich meine, du spinnst mit deinem Vorschlag!“

„Wenn du meinst“, sagte der Bruder und lächelte heimlich.

Anna dachte nicht daran, den Rat ihres Bruders zu befolgen.

Anna war übrigens verändert. Sie war ernster geworden. Der Besitzerin der Boutique fiel es als erster auf: „Anna, ist etwas? Kann ich dir helfen?“

Anna schüttelte stumm den Kopf.

„Wenn doch etwas sein sollte: Ich helfe dir gern“, sagte die elegante Frau. Anna schwieg, aber das Angebot tat ihr gut.

„Anna, ist etwas?“ so fragte auch — zufällig übrigens am selben Tag — die Freundin, die als Bedienung im Sternbäck arbeitete, in dem Anna und der Mann ihren ersten Kaffee getrunken hatten. Da konnte Anna, die sonst, außer zu ihrem Bruder, mit niemandem über „das“ bisher gesprochen hatte, nicht länger an sich halten. Es erleichterte sie, noch einen Menschen zu wissen, der etwas wußte, wenngleich auch diese zweite Mitwisserin ihr keinen guten Rat geben konnte.

Es war wenige Wochen später, da lagen sie nebeneinander im Bett, Anna und der Mann, am frühen Abend; der Mann aber blickte wie üblich auf die Uhr.

„Ich glaube, ich muß los“, sagte er.

„Glaubst du — oder mußt du?“

„Ich glaube, ich muß.“

Wieder ging er! Anna biß sich auf die Lippe. Einen Augenblick zögerte sie noch, dann sagte sie:

„Weißt du eigentlich, wie grausam die Wochenenden sind, wenn wir uns nicht sehen können und du bei deiner Frau bist?“

„Ja, ich weiß ...“ sagte der Mann traurig.

„Meinst du, das kann immer so weitergehen?“

„Ich weiß nicht“, sagte der Mann.

Anna stöhnte und drehte sich zur Wand.

„Fang' bitte nicht schon wieder an!“ bat der Mann und strich ihr zärtlich über den Rücken.

„Nein, keine Sorge“, sagte Anna bitter zur Wand hin. Ihr war plötzlich, als müßte sie weinen. Aber sie wollte nicht weinen. Also sagte sie: „Ich weiß etwas, das könnte mir über das nächste Wochenende helfen.“

„Ja?“

Sie warf sich herum, stützte ihren Kopf auf die Hand und bat: „Laß doch am Samstag das Licht eine Stunde länger brennen! Dann ist die Festung eine Stunde länger als sonst beleuchtet — und zwar nur für mich, denn es weiß ja keiner den wahren Grund, aber ich weiß dann, daß du da bist!“

In der Tat: Wenn man sich aus Annas kleinem Fenster ein wenig hinauslehnte, konnte man drüben die Festung sehen.

„Bist du verrückt?“

„Wieso?“

„Willst du, daß ich meinen Job verliere?“

„Wegen einer Stunde? Das merkt doch keiner!“

„Hast du eine Ahnung! Dann torkelt just in derselben Nacht der Bürgermeister um halb eins nach schwerer Breitseite heimwärts, sieht das Licht, blickt auf seine Armbanduhr und lallt: ‚Der Kerl schmeißt meine Steuergelder zum Fenster hinaus! Zu demselben Fenster sollte man besser ihn selbst hinauswerfen!'"

Der Mann versuchte, was er nicht konnte: zu scherzen. Und fügte allerdings noch hinzu: „Und außerdem ist es sowieso verboten!"

„Und was du hier in meinem Bett tust, ist nicht verboten?"

„Aber das tue ich doch nicht allein!" wehrte er sich hilflos.

„Ach so, wenn zwei Gärtner statt nur einer ihren Herrn erschlagen, dann ist es nicht so schlimm? Soll ich dir vielleicht helfen, das Festungslicht umzustöpseln? Dann sind wir immerhin zu zweit?"

„Ich weiß nicht", sagte der Mann nachdenklich. Dann aber begann er, etwas von komplizierten Computern zu erzählen, die umständlich programmiert sind, da könne man nicht so mir nichts, dir nichts irgend etwas für eine Stunde lang umstellen ...

„Ach nein?"

... zumal man da auch alleine gar nicht heran kann ...

„Ach ja?"

Kurz: Der Mann wand sich.

Anna fragte: „Liebst du mich denn nicht?"

„Doch, natürlich", sagte er und stand schon in der Tür, „ich werde sehen, was ich tun kann." Dann war er fort.

Das Licht der Festung verlosch am Samstag pünktlich um Mitternacht, wie immer.

„Walther, so geht es nicht“ sagte Anna wenig später im Lusamgärtlein.

„Will er nicht springen?“

„Ich fürchte, er kann nicht springen!“

Der Mann sagte am darauffolgenden Montag: „Oh, Schatz, ich fürchte, ich habe es vergessen. Ich weiß manchmal nicht, wie das kommt, selbst wichtige Dinge geraten mir durcheinander ...“

Wieder am nächsten Montag sagte er: „Diesmal war wirklich keine Gelegenheit. Der Neumann, der alte Fuchs, trieb sich die ganze Zeit an den Geräten herum, was sollte ich machen ...“

Am nächsten Montag sagte er: „Was? Die Festbeleuchtung für die Festung? Ach richtig! Ich hab's schon wieder vergessen ...“

Da warf Anna ihn hinaus.

„Walther, so geht es nicht“, sagte sie am Abend.

Der Bruder erschien nun öfter in Würzburg, ohne daß Anna sich darüber Gedanken machte; zu sehr hing sie in den Fesseln ihrer Sorgen.

„Will er noch immer nicht springen?“

„Ich fürchte, er wird es nie lernen!“

„Was ist, wenn einer im Boot sitzt, das aber untergeht — und er kann nicht schwimmen?“

„Was soll das? Er wird ertrinken, denke ich.“

„Was ist, wenn einer in die Liebe fällt und darin schier untergeht — und kann sich nicht entscheiden?“

Anna schwieg.

„Anna“, sagte der Bruder, „wie soll das werden? Schick’ ihn fort!“

„Das habe ich schon.“

„Für immer?“

„Für immer!“

Am nächsten Tag traf sie den Mann erneut; er klingelte an ihrer Wohnung, und sie ließ ihn ein. Und die ganze Wohnung roch nach Klee und Rosen. Doch als er wieder gegangen war, weinte Anna lange in ihre Kissen.

Dann stand sie entschlossen auf und ging in das Café zu ihrer Freundin. Es war weit nach Mitternacht; man räumte schon auf. Doch junge Leute wissen auch des Nachts immer einen Ort, wo man noch etwas trinken kann. Und die Freundin war Kellnerin. Sie wußte aufdringliche Kerle, die so gerne zeigen wollten, was sie doch bei weitem nicht waren, sich schon vom Leib zu halten.

So saßen sie in einer Kneipe am Fluß, und Anna erzählte, was geschehen war, auch daß ihr Bruder meinte …

„Du hast einen Bruder?“ fragte die Freundin, „das wußte ich gar nicht!“

„Habe ich nie von ihm gesprochen?“

„Nein!“

„Seltsam!“

„Ja, seltsam.“

„Und dein Bruder meint …“

„… ich soll ihn fortschicken.“

„Aber warum denn? Solange es noch Spaß macht?“

Da aber brach es aus Anna heraus:

„Spaß? Was für ein Wort! Ich liebe einen Gewissermaßen-Elektriker, der aussieht wie ein Lehrer und außerdem noch verheiratet ist. Weiter ist er vergeßlich, und sein bedeutsamster Satz ist ‚Ich weiß nicht'. Glaubst du denn, so was macht Spaß? Aber ich liebe ihn nun einmal! Und was habe ich davon? Das Leben jedenfalls macht mir *keinen* Spaß mehr! Ich denke immer nur an ihn, und wie alles weitergehen soll. Den Kundinnen, die ein Kleid wollen, biete ich eine Bluse an. Meine Chefin blickt besorgt drein. Von meinen Freundinnen habe ich mich zurückgezogen. Die Wochenenden verbringe ich einsam in meiner Wohnung, und zwar damit, der Uhr zu drohen, daß sie endlich weiterrückt. Und wenn meine Augen davon müde sind, dann heulen sie zur Abwechslung. Da redest du von Spaß!"

„Ich glaube, dein Bruder hat Recht. Du solltest ihn wegschicken."

Anna versuchte es. Es mißlang wie beim ersten Mal.

Ihr Bruder sagte: „Frau Welt, das Glück, das du uns in die Wege legst, hat scharfe, spitze Kanten."

Die Kellnerin, ihre Freundin, sagte nichts mehr.

Zwischen Anna und dem Mann war mittlerweile von der Beleuchtung der Festung schon lange keine Rede mehr. Und wieder einmal war es Freitag. Da endlich lief das Wasser über.

Denn wieder stand er auf, um zu gehen. Sie sah ihm zu, wie er sich die Kleider überstreifte. Gleich würde er fort sein, und das übliche leere Wochenende würde beginnen. Da stieg sie plötzlich entschlossen selbst aus dem Bett und warf sich einen Bademantel über. Er wollte sie zum Abschied küssen, seine Hände schlüpften unter den Bademantel.

„Laß das", sagte Anna kalt, und nun war sie es, die glaubte, eine andere reden zu hören als sich selbst, „laß das. Geh'! Ciao!"

Der Mann, befremdet von der kühlen Stimme, fragte unsicher: „Was meinst du?"

„Wenn du jetzt gehst, gehst du das letzte Mal."

„Ich weiß nicht, ich kann doch nicht einfach so hierbleiben, was soll denn meine ..."

„Wenn du jetzt gehst, dann gehst du wirklich das letzte Mal. Und diesmal ist es mir bitter ernst."

„Ich weiß, das alles ist schwer für dich. Aber für mich doch auch! Gib mir noch ein wenig Zeit. Es muß eine günstige Gelegenheit sein ..."

„Es waren genug Gelegenheiten. Wenn du jetzt gehst, gehst du das letzte Mal."

„Laß uns am Montag darüber reden!"

„Nein."

„Ich weiß nicht. Du bist zu schnell. Du *mußt* mir doch Zeit geben."

Anna konnte nicht mehr sprechen. Sie schüttelte nur den Kopf.

Der Mann drehte sich zur Tür. Von dort aus sagte er: „Glaube mir, ich werde es ihr sagen. Nicht jetzt. Aber bald. Und morgen wird die Festung eine Stunde länger beleuchtet sein. Nur für dich!"

Dann war er fort, und in Anna tobte es. Es war aus. So dachte sie. Und fürchtete sich vor nichts so sehr, als daß am nächsten Tag die Festung länger bestrahlt würde als bis Mitternacht.

Da klingelte das Telefon. Am Abend stand Anna mit ihrem Bruder im Lusamgärtlein und erzählte ihm, was geschehen war. Der sagte:

„Es ist nicht nur, daß die Geschichten seltsam beginnen und dich hineinziehen, als hättest du selbst nichts dazu zu sagen. Am Ende spucken sie dich auch wieder aus, als bedürften sie deiner nicht länger, und du findest dich gestrauchelt in der Gosse. Und wenn du dich dann mühsam aufrappelst und willst an jene Stelle anknüpfen, von der die Geschichte dich abschnitt, findest du diese Stelle nicht mehr. Und findest du sie, hast du keinen Faden dabei. Und hast du einen, weißt du keinen Knoten. Frau Welt, von vorne bist du rein wie Gold, doch wer dich in die Arme nimmt, faßt hinten einen kalten Rücken."

„Was soll ich tun?"

„Verzeih: Ich weiß nicht."

Da mußte Anna unter Tränen lachen.

Die Stunden des nächsten Tages, des Samstags, vergingen mit gemeiner Langsamkeit. Dann endlich dunkelte es. Anna wußte nicht aus noch ein.

Sie rief ihre Freundin an, die sagte jedoch: „Ich kann nicht, muß zur Arbeit, laß uns morgen sprechen!"

Sie rief die Besitzerin der Boutique an, die aber war nicht zu Hause.

„Ach!" sagte Anna.

Dann war es Nacht. Anna setzte sich vor die Uhr. Es war kurz vor Mitternacht. Gleich würde das Festungslicht erlöschen. Und plötzlich wußte Anna: Sie wünschte wirklich nichts sehnlicher, als daß das Licht wie immer ausging. Dann wäre es endlich vorbei. Einen Augenblick lang fühlte sie es, wie es sein würde, wenn es vorbei wäre, und ahnte einen ersten Hauch von dem Schmerz, der dann kommen würde, aber auch von der unendlichen Erleichterung, die sie plötzlich für einen winzigen Augenblick erfrischte wie der ersehnte Schluck Wasser einen Verdurstenden. Nun wünschte sie es geradezu herbei, daß die Festung endlich in der Dunkelheit verschwand.

Das Licht zur Festung aber erlosch nicht. Es brannte hell und feierlich, nur für sie. Und es war schon eine Viertelstunde über Mitternacht.

Er klingelte. Sie öffnete nicht. Er rief von der Straße herauf. Sie griff zum Telefonhörer und rief ihre Freundin an:

„Was soll ich machen?"

„Schick' ihn weg!"

„Und wenn er sich entschieden hat?"

„Schick' ihn weg!"

„Er beleuchtet aber die Festung!"

„Na und? Das tut er doch jeden Tag!"

„Aber nicht nach Mitternacht!"

„Was?"

Es war für einen Augenblick still. Offenbar schaute die Freundin etwas nach, vielleicht die Uhrzeit? Dann brüllte sie geradezu ins Telefon:

„Mensch, bist du blöd! Schick ihn weg!"

Anna warf den Hörer auf. Da schoß ihr alles durch den Kopf, die ganze Geschichte: wie verworren sie begonnen hatte — aber vor allem, wie dieser Mann so lange Zeit nicht einmal hatte über jene kleine Hürde springen können, die ihr Bruder ihm aufgestellt hatte. Wie sollte er je die andere überwinden und sich für sie entscheiden — oder für seine Frau?

Da sprangen ihr die Tränen aus den Augen, Anna riß das Fenster auf und schrie zur Straße hinunter: „Hau ab! Hau endlich, endlich ab!"

So geschah es, daß an einem lauen Märztag die Festung eine Stunde länger beleuchtet wurde als üblich. Nur leider ohne Erfolg.

Das Fenster klirrte, als es zugeworfen wurde; der Mann ging fort.

„Hau ab! Hau endlich, endlich ab!“ so hörte man Clemens leise wiederholen. Dann richtete er sich auf: „Sie sind ihr Bruder, nicht wahr?“

„Wenn Sie meinen ...“ sagte der Schatten leise.

Clemens sank wieder in sich zusammen. „Was wollen Sie?“ flüsterte es aus ihm heraus.

„Ich weiß nicht ...“ antwortete der Schatten. Dann trat er nahe zu Clemens und begann erneut: „Die Kellnerin ...“

„Sie wissen es?“ unterbrach Clemens.

„Ich ahne es“, antwortete der Schatten.

„Ich habe Sie belogen“, gab Clemens endlich zu, „was ich von der Kellnerin sagte, ist nicht wahr. Gewiß, sie ist eine hübsche Frau. Und sie ist Annas Freundin. Aber ich habe mich weder um sie bemüht, noch habe ich sie abgepaßt oder gar versucht, sie anzufassen.“

„Was sonst?“

„‚Hau ab! Hau endlich, endlich ab!‘ — so hatte Anna geschrien. Und dann klirrte das Fenster. Ich konnte nicht nach Hause. Statt dessen ging ich ins Sternbäck, wo wir zum ersten Mal beieinander gesessen hatten. Ich trank Wein, viel Wein. Die Kellnerin erkannte mich. Anfangs schwieg sie. Dann setzte sie sich zu mir. ‚Nun?‘ fragte sie.

‚Ich will zu ihr, und sie läßt mich nicht.‘

‚Das ist gut so.‘

‚Ich *will* aber zu ihr!‘

‚Geh’ nach Haus zu deiner Frau, Bürschlein! Wir schließen sowieso gleich‘

Ja, das sagte sie. Genau das. Ich weiß nicht, aber ich konnte mich nie entscheiden. Ich fand den Mut nicht, den Schritt nach vorn oder zurück zu tun. So blieb ich einfach stehen, und alles um mich her sollte so bleiben, wie es war. Sie hat recht; ich bin ein Bürschlein, mehr nicht.

Aber ich wollte mich vor der Freundin noch immer in besserem Licht zeigen und sagte: ‚Bürschlein? Immerhin habe ich für sie, und *nur* für sie, heute das Festungslicht eine Stunde länger brennen lassen.‘

Da lachte die Freundin hellauf: ‚Welche Heldentat! Damit wollten Sie ihre Liebe beweisen? Wo doch heute die Sommerzeit beginnt? Und es doch kaum jemand bemerken würde, daß die Festung um ein Uhr nachts noch beleuchtet war, sondern ein jeder nur wieder denken würde, er habe eben auch dies Jahr wieder nicht verstanden, wie das mit der Zeitumstellung funktioniert? Und schlimmstenfalls würde Ihr Vorgesetzter Sie morgen lachend darauf hinweisen, daß die Sommerzeit begonnen habe und die Beleuchtungszeiten entsprechend zu ändern wären? Solch knallhart kalkulierte Heldentat ist wahrhaft famos!‘

Ich leugne es nicht: Es stimmte, was sie sagte. Und ich begann zu weinen. Ich muß ein wahrhaftiges Häuflein Elend gewesen sein, denn die Kellnerin strich mir wie tröstend über das Haar und sagte leise: ‚Geh’ nur nach Haus zu deiner Frau, Bürschlein! Es wird schon wieder werden!‘

Aber ich konnte nicht nach Haus. So kam ich hierher mit meinem Kummer. Was soll denn nun werden?“

Clemens sah hilfesuchend zu dem Schatten, der sich langsam von ihm entfernte. Wie über die Schulter sagte er dabei zu Clemens:

„Ich fürchte, für Anna ist es jetzt zu spät. Wo Euch ein Bett aus Klee und Rosen wachsen soll, ich weiß es nicht.“

„Was soll ich nur machen?“ sagte Clemens, da war der Schatten schon fast bei jenem Gedenkstein.

„Frau Welt, du trägst ein liebliches Gesicht. Doch spricht uns daraus eine harte Sprache. Lernt, Euch beizeiten zu entscheiden, Herr!“

Clemens blickte auf. „Aber wie soll ich …“

Die Frage kam nicht an ihr Ende. Der Schatten war verschwunden. Es dämmerte. Der Duft des Frühlings lag noch in der Luft.

# Abschied aus dem Garten

Man wird mich fragen, wie ich das alles wissen kann, es sei denn, ich selbst wäre Clemens. Indessen man irrt. Ich hörte es irgendwo.

Einmal, Jahre später, saß ich wieder einmal im Lusamgärtlein. Da kam Clemens, mit ihm eine Frau und sogar ein kleines Kind. Es dämmerte schon, aber Clemens legte leise einen Blumenstrauß auf jenen Stein. Er sah mich nicht. Meinen langen Mantel hielt ich hinter einer der alten Säulen. Ich will es nicht verhehlen: Die Frau an seiner Seite, die Mutter seines Kindes — es war die Kellnerin aus dem Sternbäck. Doch wie das geschah, ist eine andere Geschichte.

Meine Geschichte endet hier. Ich ziehe endlich die Verstellung aus wie einen Lumpen. Anna wird einen anderen gefunden haben. Die arme Ehefrau wird sich von neuem in ihrem Leben eingerichtet haben, wenn es auch schmerzte. Soviel Zeit ist nun seit alledem schon vergangen. Und so viel habe ich gesehen, hier in meinem Gärtlein; das eine freute, des anderen wâr ich leid. Wieviel Erfüllung und wieviel Kummer hat man mir als Blumen schon auf meinen Stein gelegt. Waz soll ich sagen? Wenn nur die Rosen schneller wüchsen! Wenn nur der Klee recht fleißig seine Decke webte! Mehr wollte ich auf Erden nit. Dazu ein Lehen, wo die Vogelin singen. Und eine, dîe mir sagt: „Wie schön!“ Doch owê! Alle Zeit verwêhet, owê! Owê war sint verswunden alliu mîniu jâr! Ist mir mîn leben getroumet, oder ist ez wâr …

## Beim Schliessen des Gartentores

Ganz im Ernst: Ich glaube wirklich nicht daran, daß Herr Walther von der Vogelweide noch heute im Lusamgärtlein sein Wesen treibt, seltsame Geschichten erzählt oder gar sich in zeitgenössische Liebesgeschichten einmischt. Das einzige, was mich in dieser Überzeugung allerdings wanken macht, ist dieses: Irgendwoher muß das soeben Erzählte doch kommen ...

Daß derlei Geschichten zu Tage treten, mag mit dem Lusamgärtlein selbst zusammenhängen, das ohne Zweifel darstellt, was die Wissenschaftler einen „locus amoenus" nennen, einen „schönen Ort" also, einen solchen mit nahezu religiöser Qualität. Immerhin steht das Neumünster, zu dem das Gärtlein gehört, eben dort, wo die älteste Kirche Würzburgs gestanden hat, noch bevor unmittelbar nebenan der Dom gebaut wurde.

Dieses „Doppelkirchenensemble" stellt durchaus eine Besonderheit dar. Man findet es zwar bisweilen auch sonst, dann in der Regel aber als Nebeneinander von Bischofs- und Stadtkirche. Würzburgs Stadtkirche indessen ist die Marienkapelle, welche immerhin einen kräftigen Steinwurf entfernt am Markt zu finden ist.

Eine Erklärung für jene Besonderheit mag hier zu finden sein: Mit dem Neumünster von Anfang an verbunden ist das Martyrium der „Lokal- bzw. Regionalheiligen" Kilian, Colonat und Totnan, und zwar so fest, daß deren Überreste nie in den Dom hinübergewechselt sind. Diese

Heiligen vor allem garantierten den Bestand des Neumünsters durch die Zeit.

Nun gehört wiederum ihr Martyrium weitgehend in den Bereich der Legende, und zwar womöglich gar zu jener Art Legende, welche wiederum die Wissenschaftler eine „aitiologische" nennen, die nämlich die Besonderheit eines Ortes erklären soll. Denn eben dort, so weiß es die Legende, wurden die drei Heiligen erschlagen beziehungsweise verscharrt.

Wer weiß: Womöglich hat sich diese christliche Legende gar über eine noch ältere gelegt, und zwar über eine solche heidnischen Charakters — wie ja auch die Kirchen in der frühen Zeit sich vorzugsweise über jenen Orten erhoben, die zuvor „heidnische" Kultorte gewesen waren, um diese mit einem christlichen Gewand zu bekleiden.

Dies mag Spekulation sein. Das ändert aber nichts an der Besonderheit des Ortes, der heute „Lusamgärtlein" heißt, und es will scheinen: Wenn Würzburg, die Stadt, irgendwo „ist", dann ist sie es dort; das Lusamgärtlein ist der Ur-Ort Würzburgs.

Um so bedauerlicher, daß die sprachlich nur schwer zu beschreibende Würde dieses Ortes durch das leise, aber fortwährende Gebrumm irgendeines Gebläses, Ventilators oder dergleichen erheblich gestört, ja beschädigt wird. Man sollte das abstellen. Die Geschichten dieses „schönen Ortes" sind jedoch selbst von solchem Getöse nicht zu übertönen.

Wir lassen es aber auf sich beruhen, auf welche *Weise* denn jener Urort derlei Geschichten erzählt. Und wenn diese

Geschichten sich Walther von der Vogelweide als ihre zentrale Figur erwählen, so müssen wir das wohl hinnehmen.

Bezüglich Walthers selbst wurde beim „Öffnen des Gartentores" schon genug gesagt. Nur dieses noch: Die „Geschichtenunterschriften" sind leicht als Waltherzitate zu erkennen. Aber auch die Verse vom „Willkommen Hausherr!" und die letzten Worte: „Owê war sint verswunden etc." beim „Abschied aus dem Garten" sind „Originalzitate", wie auch sonst hin und wieder auf Walthers Wortwahl zurückgegriffen wurde. Allein das Verslein „In allen Häusern suchte ich das meine etc." stammt von einem anderen.

Zu Tilman Riemenschneider sei ergänzt, daß dieser in der Tat in seinen Würzburger Anfangsjahren zeitgleich an Adam und Eva und an dem Münnerstädter Altar arbeitete. Auch Riemenschneiders Vorstoß, Adam bartlos zu gestalten, ist in den Ratsprotokollen dokumentiert. In solchem Vorstoß wird ein wenig jene Persönlichkeit des Handwerkers und Künstlers sichtbar, die uns ansonsten weitgehend verborgen bleibt. Nur daß uns der Grund, daß Riemenschneider Adam bartlos haben wollte, nicht mehr recht erkennbar ist. Den Gesellen Hermann jedenfalls stellt der Adam wohl kaum dar, obschon Hermann selbst keineswegs erfunden ist; der Name ist uns als der eines Gesellen Riemenschneiders überliefert. Mehr als diesen Namen weiß man über jenen Gesellen allerdings nicht.

Gleichwohl hat eine Auseinandersetzung über das Wesen und das Ziel eines Bildwerkes in Riemenschneiders Haus ohne Frage stattgefunden. Maria Magdalena als „Symbol" oder Maria Magdalena als „Frau" — eben dies ist die Konfrontation der mittelalterlichen Welt mit jener der Renaissance. Aus der Hand Riemenschneiders oder seiner Werkstatt läßt allein die Grabplatte des Fürstbischofs Lorenz von Bibra Elemente der Renaissance erkennen und dies nur im Dekor. Zu recht vermutet man, solches habe Riemenschneider von einem Gesellen verfertigen lassen. Weil Riemenschneider selbst die Kenntnisse oder die Fähigkeit dazu nicht besaß? Wohl kaum. Wahrscheinlicher erscheint es, daß er derlei Formen als seinen eigenen Ausdruck nicht gerne sah. So jedenfalls zeigt ihn die hier erzählte Geschichte. Riemenschneider ist der virtuose Vollender des Mittelalters, nicht der Wegbereiter der neuen Zeit. (Zu Leben und Werk Tilman Riemenschneiders s. Andreas Nohr, riemenschneider. Zwölf Blicke für ein Gesicht, Verlag J.H. Röll 1998)

Im Hintergrund einer weiteren Geschichte erscheint der Architekt und Städteplaner Balthasar Neumann, aus Eger stammend, der sich in Würzburg vom Geschützgießergesellen zum fürstbischöflichen Oberbaudirektor und — neben Georg Wenzeslaus von Knobelsdorff — zum bedeutendsten deutschen Architekten seiner Zeit wandelte. Ohne die Hilfe der Familie Schönborn und des in Österreich wirkenden Johann Lukas von Hildebrandt wäre Neumann indessen nie zum Erbauer der Würzburger Residenz geworden. Doch erschöpft sich Neumanns Werk bei weitem nicht in diesem Bauwerk und hätte eine ausführlichere Würdigung, als sie in diesem Bändchen möglich war, mehr als nur verdient.

Als Fürstbischof Friedrich Carl v. Schönborn stirbt, wird Neumann in der Tat als dessen Protegé entlassen, aber schon nach drei Jahren von Carl Philipp von Greiffenclau zu Vollrads wieder in seine Ämter eingesetzt. Das mag nicht nur Carl Philipp, sondern auch manchem Maurergesellen genützt haben …

Gewissermaßen als Quietschen beim Schließen unseres alten, rostigen Gartentores eine Bemerkung in eigener Sache. Der Schreiber dieses, im Norden Deutschlands beheimatet, wird von eifrigen Franken immer wieder befragt, wieso er denn darauf käme, sich nun schon wiederholt derart eingefleischt „fränkischen Themen“ zuzuwenden. Solchen Fragern ist ein für alle Mal entgegenzuhalten, daß die Bedeutung von Männern wie Walther von der Vogelweide, Tilman Riemenschneider oder Balthasar Neumann an Frankens Grenzen nun einmal nicht enden will, und diese Herren deshalb nicht zum dortigen Privatbesitz gehören — zumal wohl keiner der Genannten in Franken auch nur gebürtig ist. Ansonsten aber kann die Frage auf dieselbe Weise beantwortet werden, wie beispielsweise jene andere Frage, warum auch Nicht-Franken sich erdreisten, Frankenwein zu trinken: Weil er schmeckt.

# Eine neue und faszinierende Verbindung von Musik und Literatur

Der geniale junge Musiker Nicolaus Bruhns brennt vor Ehrgeiz und sieht sich bereits auf den Orgelbänken von Lübeck oder Hamburg. 1689 wird er als Organist an die Marienkirche zu Husum berufen und tritt trotz seiner hochgesteckten Ziele den Weg in die norddeutsche Provinz an. Auch als er ein Angebot aus Kiel erhält, bleibt er im ungeliebten Husum. Was hält ihn? Welche Rolle spielt die geheimnisvolle "Frau mit dem roten Rock" in seinem Leben und welche magische Anziehungskraft übt das in der Nordsee untergegangene sagenhafte Rungholt auf ihn aus? Was verursacht seinen geheimnisvollen Tod?

Andreas Nohr legt mit diesem Buch endlich den ersten Roman über Nicolaus Bruhns vor — den Visionär, dessen Einfluß bis in unsere Zeit nachwirkt. Nohr erweist sich in diesem seinem dritten Roman abermals als fulminater Erzähler und Meister der Spannung.

Andreas Nohr

## Mitternacht

Die Geschichte des Nicolaus Bruhns

Roman

Barbara Kraus

## Nicolaus Bruhns

und der phantastische Stil

CD

Die zum Buch gehörende CD mit dem Orgelgesamtwerk von Bruhns sowie Orgelmusik von anderen Meistern des 17. Jahrhunderts wurde von der Hamburger Konzertorganistin Barbara Kraus an verschiedenen historischen Orgeln Schleswig-Holsteins eingespielt.

Die Stücke wie auch ihre Komponisten spielen im Roman eine große Rolle; dieser direkte Bezug zwischen Text und Musik ermöglicht ein intensives Lese- und Hörerlebnis ganz neuer Art.

Der Roman "Mitternacht": 240 Seiten mit CD und Booklet, Leinenhardcover mit Schutzumschlag, DM 49,80, ISBN 3-89754-175-0

ab Oktober in Ihrer Buchhandlung oder direkt beim Verlag Röll, Postfach 9, 97335 Dettelbach, Tel.: 09324/9977-0
eMail: info@roell-verlag.de

Gefördert vom Ministerium für Bildung, Wissenschaft, Forschung und Kultur des Landes Schleswig-Holstein